宮本常一の風景をあるく

周防大島久賀・橘・大島

周防大島文化交流センター編

みずのわ出版

はじめに

民俗学者・宮本常一（一九〇七〜一九八一）は、日本各地の移り変わる暮らしの風景を写真に収めており、それはまさに昭和の生活を描いた絵巻といえる。本書は、宮本が生涯にわたって故郷周防大島を記録した写真を網羅的に収録した二冊目の写真資料集である。一昨年の平成二六年（二〇一四）から、周防大島町の成立一〇周年、文化交流センター開館一〇周年を記念してスタートした刊行企画で、既刊の「周防大島東和」の続編として、今回は大島地区、橘地区、久賀地区の写真を収録している。なお、周辺島嶼地域の写真は巻を改めて刊行する予定である。

周防大島は、淡路島、小豆島に次いで瀬戸内海で三番目に大きな島で、面積一二八・三一平方キロメートル、地形は急峻な六〇〇メートル級の山々が連なり、わずかな平地が海岸部にある程度で山地が多くを占める。そして、それぞれの集落では古くから人々の暮らしが営まれてきた。

宮本も各地域の個性と、共通性に目を向けながら、カメラのシャッターを切っている。そこで、本書では地域的な特色や共通性をもったつながりを意識しつつ、「I　小松・瀬戸付近」「II　沖浦付近」「III　安下庄・日良居」「IV　久賀・椋野」の四つに章立てし、当該地の生活変遷とその特色が窺われる写真を選定した。

「I　小松・瀬戸付近」では、周防大島の西の玄関口として栄えた小松港とその町並み、大島大橋の架橋や塩田、また島内でも有数の稲作地帯である屋代、さらに三蒲などの写真からなる。

「Ⅱ　沖浦付近」には、島の西南に位置する志佐・日見・横見・戸田・出井・秋・吉浦の各集落の写真を掲載している。いずれも宮本が昭和四二年（一九六七）一二月にバス便を使いつつ、集落をめぐった時の写真である。

「Ⅲ　安下庄・日良居」は、嵩山南側の山肌に拓かれた段々畑、その麓に広がる安下庄の町並みと海岸沿いの景観、北側の土居・日前・油良をとらえた航空写真、変わりゆく家並みや道路の写真を収めている。さらに、宮本写真だけでは安下庄の生活を十分に紹介できなかったので、生活文化の伝承活動の一環として文化交流センターが取り組んでいる地域写真の収集と、その成果の一端を紹介するコラムを収録した。地元の滝本写真館が制作した橘歴史民俗資料館所蔵の安下庄の古写真とともに掲載している。

「Ⅳ　久賀・椋野」では、島内でも有数の商業地であった久賀の町並み・家並みと、御立浦《おたてうら》として栄えた木造船の並ぶ港の風景、南側の山手に拓かれた棚田、椋野や大崎の石積み、ミカンへの転作風景などを掲載している。

また、これらの写真一枚一枚に刻み込まれた人びとの営みを読み解く補助線として、四本のコラムを収録した。山根一史・佐藤正治・徳毛敦洋の三氏の論考は、いずれも宮本常一写真の現在を実地調査した者でしか感じることのできない、地域の再発見の視点が含まれている。須藤護氏には、宮本常一が最晩年に行った屋代ダム建設にともなう緊急民俗調査に従事された経験についての論考をご寄稿いただき、宮本が調査に臨む姿勢をご紹介いただいている。

本書全体を通しては、昭和期の生活風景を起点にしながら、周防大島の各地域が辿った暮らしの過去、そして現在・未来を考えられるように構成している。ただし、このような生活の記憶はあくまでも個人の経験に基づくものであり、読者各位の記憶が呼び覚まされ、そこからの思い出語りを身近な人ともに共有していただければと考えている。

言うまでもなく、本書に掲載したものは、周防大島文化交流センターの所蔵する宮本常一が撮影した写真の一部である。宮本写真について関心を持たれた方には、当センターに足をお運びいただき、宮本写真の全てをご覧いただければと思う。

このように我々の過去の歴史を振り返ってみると、いろいろな複雑な条件が絡みあって、そして古いものが皆さん方の記憶から消えたと思っているが、実は皆さん方のからだの中の血に生きている。そしてそのままずっと続いてきている。歴史というのは、過去は過去でなくそのまま現在である。現在の我々の中にあるもの、そこから過去がどのようになっているかをみいだすことが、実は本当の歴史であり、それが、我々の中に生きているのです。

（宮本常一『郷土の歴史とは何か——東和町・郷土大学講義録』東和町、一九八九年、七五頁）

宮本常一は、最晩年に行った東和町郷土大学での講義において、このように述べている。周防大島の暮らしを誰よりも知り、そして故郷・周防大島を愛し、愛するが故に宮本は、未来への憂いをおぼえつつも希望を託した。読者各位の身近な過去との対話から、本書がきっかけとなって、いろいろな発見が生まれてくれば、編者としてこれにまさる幸せはない。

周防大島文化交流センター

宮本常一の風景をあるく　周防大島久賀・橘・大島◉目次

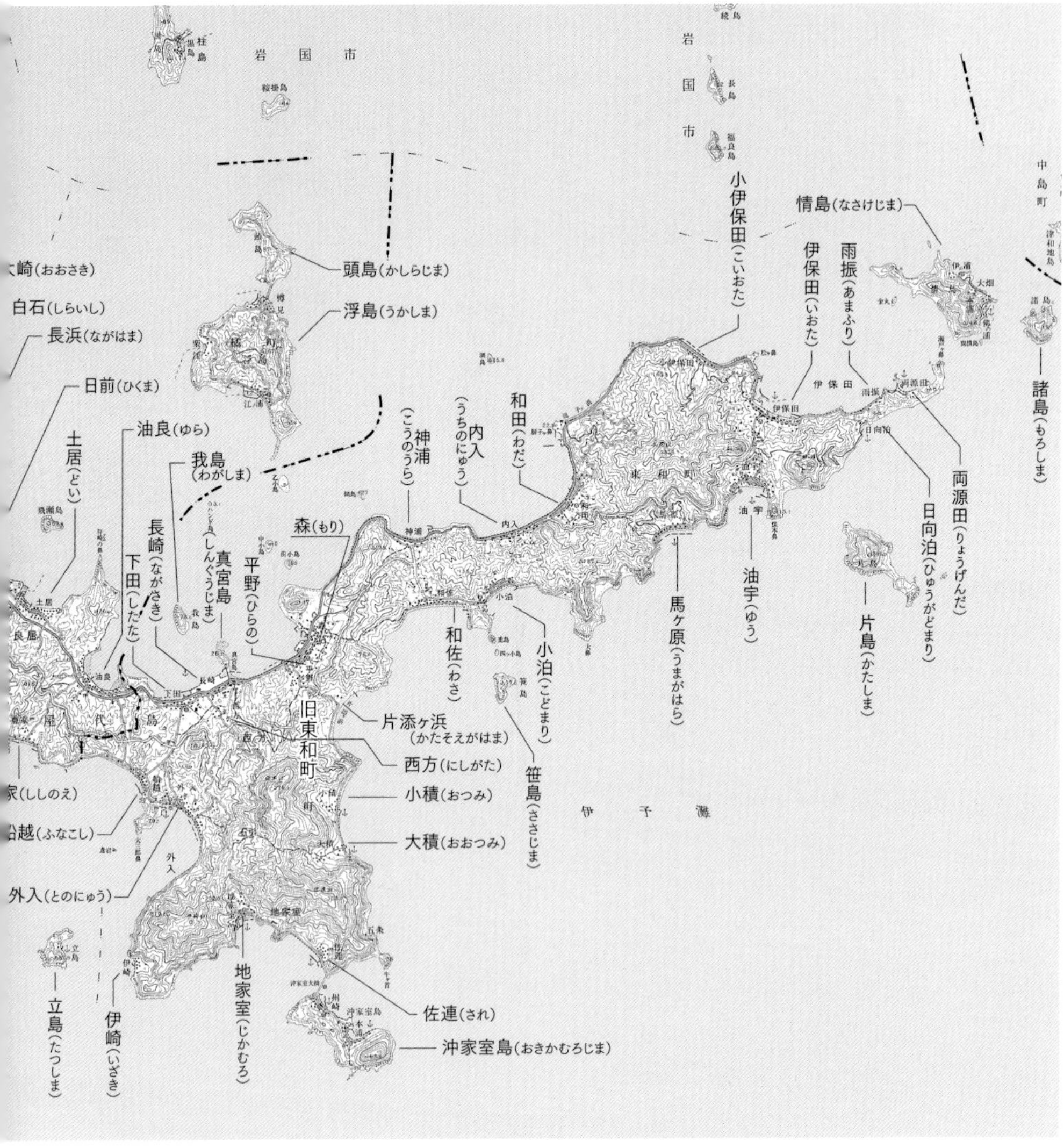

国土地理院発行5万分1地形図「柳井」「久賀」を結合、38％縮小（国土地理院長の承認を得て複製。承認番号　平27情複、第900号）。この地図を第三者がさらに複製する場合には、国土地理院長の承認を得なければならない。

前島(まえじま)
柳 井 市
椋野(むくの)
JR大畠駅(おおばたけ)
久賀(く
三蒲
(みがま)
笠佐島(かささじま)
小松港
(こまつこう)
小松(こまつ)
旧久賀町
小松開作
(こまつかいさく)
志佐(しさ)
旧大島町
日見(ひみ)
屋代ダム
(やしろ)
旧 橘 町
横見(よこみ)
戸田(へた)
津海木(つのうぎ)
出井(いずい)
家房(かぼう)
秋(あき)
吉浦(よしうら)

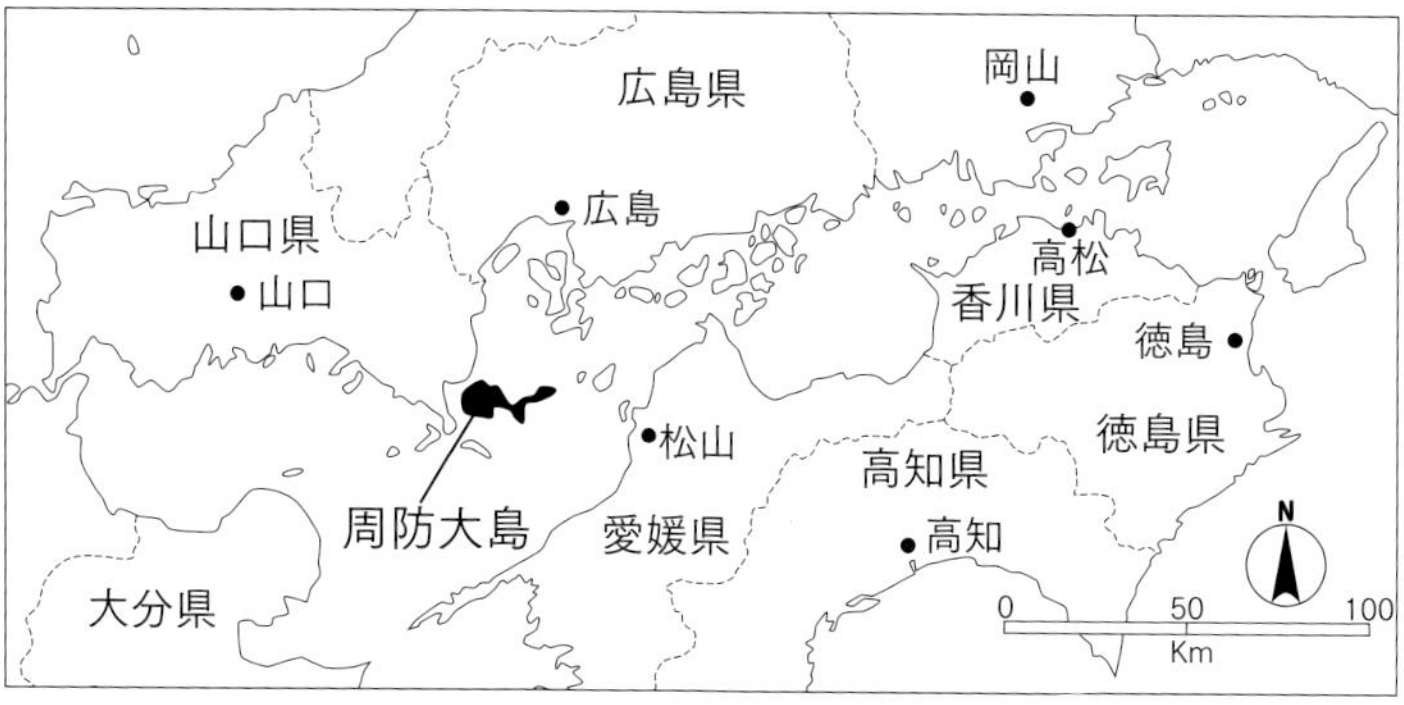
岡山
広島県
広島
山口県
山口
高松
香川県
徳島
徳島県
松山
高知県
周防大島
愛媛県
高知
大分県
N
0
50
100
Km

凡例

・本書掲載の写真は宮本常一撮影による（周防大島文化交流センター所蔵）。

・宮本撮影写真と関連する現在の様子を撮影した写真も適宜掲載した。髙木泰伸（周防大島文化交流センター学芸員）、山根一史（同）、徳毛敦洋（八幡生涯学習のむら学芸担当）の撮影による。

・六一－七四頁掲載の写真は、橘歴史民俗資料館所蔵資料（滝本写真館旧蔵）である。

・「V　宮本常一の民俗調査」の写真は、一二八頁下を除き、須藤護撮影である。

・各地名は『東和町誌』（一九八二年）などを参考にしつつ、出来る限り地元での呼称を採用した。

・キャプション執筆は、「I　小松・瀬戸付近」「II　沖浦付近」を山根一史、「III　安下庄・日良居」「IV　久賀・椋野」を髙木泰伸が担当した。

・宮本撮影写真の撮影年月日の確定は、山根一史が担当した。宮本常一著・毎日新聞社編『宮本常一写真・日記集成』（毎日新聞社、二〇〇五年）および、周防大島文化交流センター所蔵の宮本写真資料コンタクトシート、宮本作成の写真ノートなどをもとに日付を特定した。撮影年月日のSは昭和、Hは平成を表す。

・宮本撮影写真のネガスキャン・調整は㈱山田写真製版所が行った。

＊キャプションの執筆に際して、主として以下の書籍を参考文献とした。

・宮本常一『私の日本地図⑨　周防大島』（未來社、二〇〇八年　＊初出は同友館、一九七一年）
・『周防大島町誌』復刻版（大島町役場、一九九四年　＊初出は一九五九年）
・『続周防大島町誌』（大島町役場、二〇〇二年）
・『屋代川ダム水没地域民俗学術調査緊急報告』（大島町教育委員会、一九八二年）
・『山口県久賀町誌』（久賀町役場、一九五四年）
・『橘町史』（橘町、一九八三年）

大畠港に停泊する連絡船。S30.6.30

I 小松・瀬戸付近

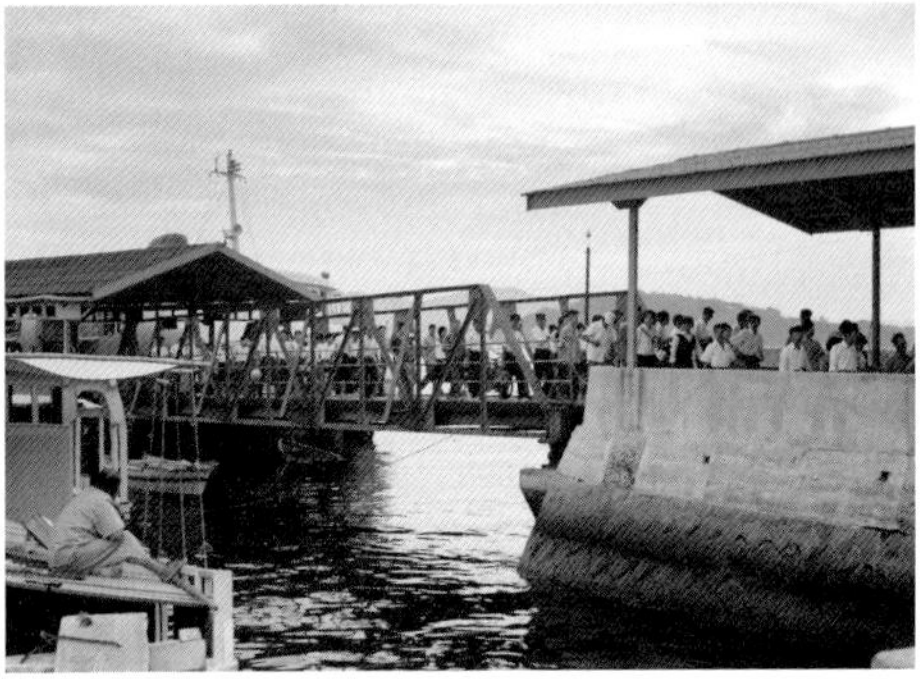

上＝小船で賑わう大畠瀬戸。灯台は、古来より海の難所として名高い瀬戸を行き交う船舶の道標。S32.3.18／右中＝小松港桟橋。桟橋右手に停泊する連絡船「五月丸」は自動車も積載できるカーフェリーであった。S35.10.20／右下＝大多麻根神社の鳥居。現在社殿は山手に移る。大畠瀬戸。S37.7.30／左＝浮桟橋にかかる連絡通路は乗降客で賑わった。小松。S39.7.17

上＝大島大橋の橋脚工事。長年、島民の悲願であった大島大橋の架橋は、熱心な住民運動が実り、昭和45年（1970）の建設認可を経て、翌年起工式を迎えた。S49.8.10-17／右＝大島大橋開通に向けて整備が進む瀬戸付近。S51.2.21／左中＝飲食店や土産物店を備えた観光施設。S52.8.10-12／左下＝アスファルト舗装され縁石や道路標識が整えられた道。S52.8.10-12

上＝川縁に建つ小松開作の杭上住居。床が水面から離れているため通気性にすぐれ、湿気に強い家屋形態である。現代と比べ水辺と親しい生活が営まれていたことが窺える。S42.12.20／左上＝自転車や車が頻繁に行き交う商店街の三叉路。自動車も普及して道路の整備も進む。小松。S46.12.22／左中＝周防大島の玄関口として賑わった小松商店街。右手には川村酒造（小松）の地酒「周山」、左手には食堂や銀行の看板も見える。S46.12.22／左下＝志駄岸神社の石灯籠。礎石に刻まれた寄進者には大阪や笠岡（岡山県）、九州の問屋の名前も見える。同社は、江戸～明治期にかけて塩や白木綿の取引で栄えた開作港を介して、瀬戸内海一円の商工業・海運業者からの尊崇を受けていた。小松。S42.12.20

30
PEPSI
大谷商店
カラープリント

周山

上＝入浜式塩田の跡地。小松付近。S33.4.24／右中＝小松開作の古い家並。同地は、江戸期に塩田築造に功のあった矢田部氏によって市街地や港が整えられた。同氏は浜庄屋として塩田経営や廻船業にも携わり、この地の発展に大きく寄与した。S46.12.22／右下＝屋代川河口付近。沖には笠佐島や室津半島も見える。小松開作付近。S46.12.22／左＝小松開作から志佐へ至る岬回りの道。未舗装である。S42.12.20

上＝屋代川の河口。左手にはパルプ材に使うのであろうか、松の丸太も見える。
下＝船溜りに係留された木造漁船。＊ともにS33.4.24小松にて撮影

上＝志佐隧道付近から見た小松塩田と小松開作の家並み。中央には流下式塩田の枝条架も見える。小松塩田は、17世紀末、長州藩より小松沖干潟を拝領した粟屋帯刀就貞が、熊毛郡から招いた矢田部三郎兵衛父子に塩田築造を命じたことに始まる。元禄6年(1693)に完成した古浜を皮切りに、幕末の頃までに3度に渡って拡張された。当初は入浜式による製塩が営まれていたが、昭和30年代、より効率的で生産性の高い流下式に切り替えられた。昭和46年、最新の製塩技術に対応した設備への転換が困難になり、塩田は終焉を迎えた。S42.12.20／左上＝塩水を貯蔵するタンク。S33.4.24／左下＝丸太と竹枝を利用して作った枝条架。海水を上から注ぎ、枝を伝って落下する途中、風や太陽熱により水分が蒸発することを利用して鹹水（濃い塩水）を得る。S46.12.22

上＝小松開作の塩竈神社。元禄3年（1690)、栗屋帯刀就貞はこの地に厳島大明神（広島県）を勧請し、塩田築造の地鎮祭を執り行ったという。／右＝3段になった六角形の台座に据えられた天水桶。／左＝塩竈神社の玉垣。玉垣には大阪の木綿問屋や江戸の歌舞伎役者・7代目市川団十郎（海老蔵）の名前も刻まれており、開作港の繁栄ぶりが窺える。
＊全てS46.12.22撮影。

上＝大島青少年海洋訓練所のカッター訓練。小松。S33.7.14／右＝小松港近くにあった大島商船高等学校の木造校舎。昭和42年には高等専門学校となった。のち同校は塩田跡地に移り、校舎も新築された。小松。S33.4.24／左中＝瀬戸にあった大島青少年海洋訓練所。昭和51年に家房の地に移転し、名称も山口県大島青年の家に改められた。S36.1.5／左下＝航海実習や海洋調査に用いられた大島商船の練習船「大島丸」。S51.2.21

右頁：上＝飯の山の麓を通る道。山肌には畑が拓かれ、頂には松が茂る。三蒲。S36.1.13。左頁上のカットは現在の様子。H27.10／下＝ローラーを使って歩道を整備する。
左頁：右＝セメント工場の煙突。三蒲。／左中＝幹線道路沿いに建つ板壁の倉庫。壁には農機具メーカーの看板。三蒲。／左下＝東三蒲に鎮座する大洲若宮神社。舗装中の道をトラックが砂煙を上げながら通過する。
＊以上4点は全てS51.4.1撮影

縞模様の片山～羽越付近の棚田。右手には小松の町並みや飯の山を望む。S55.7-8月

上＝徳神付近の山手から銅、神領集落を望む。屋代川上流域に位置するこの辺りは、屋代と呼ばれ、その名は平安期に著された『和名抄』にも見え、古くから人々の営みがあった。／右中＝草葺、瓦葺屋根からなる農家（写真中央）。／右下＝この地の田畑をうるおす屋代川の流れ。樫原～石原付近。／左＝自光寺の民家と畑。背後には琴石山の山影もうっすら見える。平成2年、この地には屋代ダムが築かれ、現在撮影地はダムの湖底になっている。＊全てS55.7-8月撮影。

上＝屋代川沿いに開けた吉兼集落の家並みと水田。／右＝郷の坪集落の棚田の石垣。屋代川の支流・久保川から水を引く。この川は、明治19年（1886）大洪水を引き起こし、周辺の村々に甚大な被害をもたらした。付近にはその時の水害を伝える石碑も残る。この地の人たちは、水の恵みを受けつつ、時に自然の厳しさと向きあいながら暮らしを立ててきた。／左＝急傾斜地に築かれた棟畑付近の棚田。屋代川上流のこの辺りまで来ると山も深く、島であることを感じさせない。
＊全てS55.7-8月撮影。

宮本写真からたどる小松の変遷

山根一史

大畠瀬戸に架かる若草色の橋を見るとホッとした気持ちになる。一度でも周防大島（以下大島と表記）で暮らした経験がある人になら分かっていただける感覚ではないだろうか。

昭和五一年（一九七六）七月に開通した全長約一キロの大島大橋は、私にとって大島に帰ってきたなという思いを強く抱かせる風景の一つである。小学生時代には大島の観光ＰＲポスターを作製する課題で、画用紙いっぱいの大島大橋を描いた記憶もある。

大畠瀬戸は、別名小松の瀬戸とも呼ばれ、その名の示すとおり小松地区に属している。本土の大畠から橋を渡って右折し、しばらく道なりに進むと見えてくるのが小松の町並みである。小松は、島の北西部に位置し、大まかにわけて屋代川右岸の小松と左岸に開かれた小松開作から成り立っている。この辺りは、古くから屋代川の豊富な水量を活かした水田耕作が営まれ、近世には小松開作に塩田が開かれたため、長らく製塩が行われた歴史も持っている。

小松にはよく「大島の玄関口」という表現が枕詞のようについてくる。それは近世から昭和五一年に大島大橋が開通するまで、島内唯一と言ってもよい本土との渡し場が設けられ、櫓漕ぎ舟や発動機船による渡船が営まれていたことに由来する。

宮本常一は『私の日本地図⑨　周防大島』の中で大畠瀬戸を「もっともなじみ深い海」と表現しているが、それは大正一二年（一九二三）の出郷以降も度々この瀬戸を渡り、小松の地を経て長崎の実家に帰省していたことと関係している。

本稿では、宮本写真を題材に特に塩田、渡船、大島大橋の三つのキーワードに注目しながら小松という地が辿ってきた変遷に目を向けてみたい。

小松塩田

大島の塩づくりの歴史は古い。昭和三〇年代に奈良の平城宮跡から見つかった木簡には「周防国大島郡美敢郷《みかむごう》　凡海阿耶男《おおしあま》　御調塩二斗」「周防国大島郡美敢郷　凡海直薩山《おおしあまのあたえ》　御調尻塩」と記されたものがあったという。調は古代の租税の一種で、地方の特産品のことである。宮本は、このことから奈良時代の大島に塩づくりを生業とする海人が存在していたことを示唆している。

小松塩田は、一七世紀末、長州藩より小松沖干潟を拝領した粟屋帯刀就貞《あわやたてわきなりさだ》が、熊毛郡大河内村（現山口県周南市）の矢田部三郎兵衛父子を招いて塩田を築かせたことに始まる。元禄六年（一六九三）に完成した古浜を皮切りにその後、一九世紀半ば頃までに三度に渡って拡張が行われた。開かれた当初は、入浜式による製塩が営まれていたが、昭和三〇年代、より効率的な流下式に切り替えられた。

宮本は昭和三三年四月の日記に「ハジメテ小松ノ塩田ヲアルイテミル」と記している。大正一二年の出郷以来、何度も小松の地を経由して実家と本土を行き来していたため、当然、塩田風景は目にしていただろう。しかし、宮本の中ではっきりと小松塩田の歴史を意識しながらつぶさに目を向けたのはこの時が初めてだったのだろう。漠然と見るということとその地の暮らしぶりを見通そうという姿勢には大きな違いがあることが、宮本の中でしっかりと意識

クルマエビの養殖場に転用された小松塩田跡地。平成25年5月撮影

されている。
「島の西部は水田もひろかったからまだ暮らしはたてやすかったが、島の東部は畑ばかりで水田はほんの少々であり、畑も砂土でやせており、ろくなものはできなかった。（中略）島の西の端の小松には、入浜の塩田も見られたのである。能率のよい入浜の塩田がひらかれても、島の東部ではなお揚浜をやめることができなかった」（「御一新のあとさき」『郷土の歴史』宮本常一著作集41、未來社、一九九七年）
宮本は、稲作と畑作、入浜と揚浜に注目し、島の西部と東部の暮らしの立てかたの違いを指摘している。これらの違いは、地形的な制約による要因が大きく、人力で容易に克服できるものではない。しかし、どちらも限られた条件の中で、先人たちが精一杯土地と向き合って、答えを出した暮らしの立てかたであり、どちらも尊い営みの結晶であることに変わりはない。
江戸時代以来、小松に暮らす人々の生活を支えて

きた塩田であったが、押し寄せる時代の波には逆らえなかった。流下式に切り替えた昭和三〇年代にはすでに、製塩業は過剰生産により斜陽化しつつあった。また、この頃、より効率的なイオン交換膜製塩法が生み出され、新技術への転換が迫られるようになった。

昭和四六年（一九七一）九月、小松塩業組合は、新技術に対応した設備建設のための巨額な資金投入は困難と判断し、永らく続いた小松塩田の歴史に終止符が打たれることとなった。同年一二月、宮本は小松開作を訪れ、消えゆく塩田の風景を何枚もカメラに収めている。私には宮本がこの時、製塩で生活を立ててきた人々の営み、痕跡を記録しておかねばならないという強い使命感を持ってシャッターを押し続けたように思えてならない。そう思うのは、塩田を写した写真が、この時に集中しているからである。

塩田が廃止され、四〇年あまり経った現在、その跡地はクルマエビの養殖場や学校、住宅地に生まれ変わり、太陽光発電のソーラーパネルが設置されたところもある。しかし、宮本の撮った写真が、この地に確かに製塩によって生計を立てた暮らしがあったことを今に伝えている。

渡船と大島大橋

現在、大島病院の建つ辺りには、かつて大島と大畠を結ぶ連絡船が発着する桟橋が設けられていた。今ではその頃の様子をうかがわせるものはほとんど残っていないが、病院脇に建つ「大島航路跡」の碑がわずかに当時の様子を伝えている。

小松にはよく「大島の玄関口」という表現が用いられることは前にも書いたが、それは、近世、島内唯一と言ってもよい渡し場があり、櫓漕ぎ舟による渡船が営まれていたことに由来する。

大正時代に入ると、個人や民間企業により発動機を搭載した渡船が通うようになり、昭和一二年

（一九三七）には県が渡船運営の主体となった。

戦後すぐの昭和二一年（一九四六）に渡船事業は国鉄に移管され、それに伴い山陽本線大畠駅と連絡する国鉄小松港駅も設置された。これにより、大島は国鉄バスが走る唯一の島となり、それに伴い小松と島内各地を結ぶ路線バスの運行も開始され、小松は文字通り「大島の玄関口」として発展することとなった。たくさんの乗降客でごった返す小松港桟橋（一二頁）。車や自転車、人々が頻繁に行き交う商店街（一五頁）。宮本が撮影した写真からも十分その頃の小松の町の賑わいを窺い知ることが出来る。

「幼い頃、船に乗って柳井にうどんを食べに行くのが楽しみだった」

「船はいつも乗客でいっぱい。みんなバスに乗り遅れまいと桟橋から小松港駅まで走って移動していた」

当時を知る方たちに連絡船時代の話を聞けば、話題は尽きることがない。

昭和二〇年代末には、自動車輸送も開始。便数も当初九往復だったものが、次第に増え、最終的に三六往復にまでなり、利用者の利便性は大幅に向上していった。

しかし、その一方で大島の人たちには古くから本土と橋でつながりたいという強い思いがあった。

「こことエー　ここと大畠とヨイサヨイサ　続きならよかろエー　橋をエー橋を架けましょヨイサヨイサ　やれこら船橋をエー」（『周防大島町誌』）

右に挙げたのは、旧暦一〇月の亥の日に子孫繁栄や無病息災を祈って現在も島内で行われる亥の子行事の中でかつて歌われていた歌の一つである。歌詞からは島民の架橋への思いと離島であるがゆえの悲哀がにじみ出ている。

昭和三八年（一九六三）に島内四町を中心に「大島瀬戸架橋期成同盟会」が結成されたことを契機に政府や関係省庁・団体への熱心な陳情が行われ、架橋へ向けての道程が開けてくる。その後、住民の努力が実り同四五年には建設認可が下り、翌年着工。

昭和五一年七月、ついに念願の大島大橋開通を迎える。開通当初、普通車一台につき、片道六〇〇円の通行料であった。

そして、開通後まもなく通行無料化へ向けての運動が起こってくる。この頃のエピソードとして、「午前〇時から五時までの間は通行料が無料だったので、橋の手前で時間調整をすることもあった」と語る人もいる。また、ある人は「当初、片道六〇〇円を支払っていたが、途中から島民は通行証を見せ、回数券を利用することで料金が半額になり、負担が減り嬉しかった」と語るように、島民にとって通行料がいかに負担になっていたかがうかがえる。平成八年(一九九六)、島民の不断の努力により無料化が実現し、現在に至る。

本土と島が直結したことで、島民は島外への買い物・通勤・通学が容易になり、観光客にとっても訪れやすい島となった。大島の特産品であるミカンの輸送面でも橋の果たした役割は大きかった。一方で、本土との行き来が容易になったことで、住民の島外流出や地元経済の衰退を招いたと指摘する人もいる。かつて活気のあった小松の町も、空き店舗が目立つようになり、人通りも少なくなった。

このように大島大橋の開通・無料化は島に様々な変化をもたらした。しかし、宮本が「新しいものを拒否するのではなく、新しいものをどう受けとめるかの姿勢の検討が大切なのである」(『私の日本地図⑨周防大島』)と述べるように、大島大橋開通から四〇周年を迎えようとしている今、架橋という大事業を生かした町づくりが我々には求められているのかもしれない。

宮本写真から学ぶ

宮本写真を片手に島内を歩くようになってから、私自身、少しずつではあるが、今まで目にも留めなかったものにも注意が向けられるようになってきた。小松塩田のところでも述べたが、漠然と見るのでは

漁船が繋留された現在の小松港。平成27年3月撮影

なく自分の頭の中でしっかりと問題意識を持って見ることの大切さを宮本写真は教えてくれているような気がする。

晩年の宮本が、これからの郷土を担う人材を育成するために立ち上げた郷土大学開講の挨拶をまとめたメモには「われわれは郷土を本当に知っているだろうか」という言葉が残されている。この言葉を胸に刻みながら、宮本写真を手がかりに、地域を知り、見直す取り組みをこれからも継続していけるよう努めていきたい。

竹竿に通した洗濯物。出井。S42.12.20

II

沖浦付近

右頁：上＝山手より志佐の集落を望む。志佐は近世、安芸（広島県）から来た漁民が定住したことで海岸沿いにも集落が開けたという。／下＝山手を通る小松開作から日見へ至る往還道沿いに開けた棚田。
左頁：上＝日見の山手から日見崎を望む。山手には畑地、平地には水田が広がる。／右＝縁側を備えた中二階の農家。間口の広い堂々たる家構え。日見。／左＝大歳神社の境内に祀られた荒神様。日見。＊全てS42.12.20撮影。

右頁：上＝横見から日見方面を見る。／下＝横見と日見の村境にあった往還松。南東から吹き込む潮風を防いでいた。／左頁：上＝横見の茶碗市。かつて周防大島では12月頃、伊予から来た行商人が集落を巡りながら正月用の茶碗を売り歩いていた。／右＝昭和33年、実業家・吉野孝一が寄贈した図書を基に創設された吉野文庫。戸田。／左中＝旧沖浦西小学校。横見。／左下＝横見から戸田へ向かう道路沿いに祀られた祠。＊全てS42.12.20撮影。

右頁：上＝山手の道から見た出井の集落。／右＝長崎和泉守の宝篋印塔。／左＝婦人病にご利益があったという戸田の赤石様。かつてこの石が長尾八幡宮（安下庄）と志駄岸神社（小松）の氏地を分かつ境界になっていた。
左頁：上＝松並木が続く吉浦の海岸道路。潮風から家屋や農作物を守る役目もあった。／右＝秋の港に停泊する木造船。／中＝集落内を通る道。秋。／左下＝稲刈りを終えた水田。吉浦。＊全てS42.12.20撮影。

昭和四二年冬、僕は一五歳だった

佐藤正治

記憶の中の宮本常一

高校の現国（現代国語）の時間に何かのはずみで話が民俗学のことになり、柳田國男の『遠野物語』から、折口信夫《おりくちしのぶ》、南方熊楠《みなかたくまぐす》にも及んだ。しかし宮本の名前と『忘れられた日本人』については記憶がない。ただ「土佐源氏」だけは、俳優の坂本長利さんが一人芝居で全国をまわっているというのを覚えている。あと猿まわしについて聞いたように思う。

ずっと忘れていたのだが、ＮＨＫラジオ「私の本棚」で、鈴木牧之《ぼくし》の『北越雪譜』が朗読され、これが興味をひいた。その縁で『遠野物語』を思い出して本屋に出かけ、目にしたのが『忘れられた日本人』である。手にとったのはタイトルから「代表的日本人」を連想したからだと思う。目次をみると「土佐源氏」があり、大島のことも出ている。同じ著者の書いた『家郷の訓』をみるともっと出ている。『北越雪譜』とこの二冊を買って帰り、何度も読み返したものの、内容はついぞ忘れてしまっていた。それが大島のことをあらためて調べることになり読み返してみた。こんな内容だったんだ。他に宮本の著作では『東和町誌』と『私の日本地図⑨　周防大島』が参考になった。『民俗学の旅』もずいぶんと役立った。ちなみに私の曾祖父は宮本の祖父と同名で市五郎という。

沖浦中学校

保育園、小学校と椋野に通ったが、家庭の事情で戸田《へた》の伯母の家に私達兄妹三人だけ預けられることになった。父が死に、母が生計を立てるため広島の製麺工場で働くのに子供をそばに置いておけなかったからである。それで一年の一学期から沖浦中学校に入学、妹二人は沖浦西小学校へ転入となった。沖浦は旧村名で、もとは大島の外浦《そとうら》つまり南側をさすことばだった。明治二二年（一八八九）日見《ひみ》、横見、戸田、出井《いずい》、秋の五つの村が合併して一村となったときに村名となった。今は日見から戸田、津海木《つのうぎ》までがイメージされるようだ。沖中に入学したのは昭和四〇年（一九六五）で、校区が日見から津海木までの西小と、出井、家房（旧秋村の一部）が校区の沖浦東小学校の生徒が一緒になり、一学年は二クラスあった。同校は津海木にあったが、平成一九年（二〇〇七）小松の大島中学校に統合されて閉校となり、昭和八年（一九三三）に建てられた木造校舎は取り壊されて、跡地には太陽光発電施設がつくられている。入学当時の沖浦の人口は、西小校区が約二〇〇〇人、東小校区が約一〇〇〇人、秋吉浦地区は約七六〇人であった。

伯母の家での生活は中二の一学期で終り、一家で再び椋野に帰り久賀の中学、高校に通った。その間、戸田、出井以外の沖浦の他の地区にいった記憶がない。小学校の運動会は横見に見に行ったはずなのだが。

宮本常一の写真の場所をたどる

今年の六、七月の第二日曜日に、周防大島文化交流センターの地域交流員有志数名が、学芸員と一緒に宮本が昭和四二年（一九六七）一二月二〇日に撮影した場所を特定する活動をおこなった。本書掲載以外にも数ヶ所あり、また当日行けなかった場所は後日自分でさがしてみた。

この日、宮本は岩国から大畠駅を経て小松港から旧県道を開作まで歩き、そこから志佐《しさ》への近道である町道に抜け、トンネルの手前の光明寺の向かいの道をのぼり、湯所《ゆどころ》を通っている。志佐の眺望（三六頁上）はほぼ同じ位置から確認できた。真中が脇鼻、その向こうが笠佐島、左に野島、後方が琴石山である。写真の池には網がかぶせてあったものの池は草に埋もれていた。往還道沿いの棚田は両脇の二枚を残して、他は草が繁茂していた。耕作をやめた田畑が目立つようになったのは一五年くらい前であろうか。その頃までは志佐隧道から大島環状線へ下る道の両側にもナル（稲掛け）が並んでいた。

日見崎（三七頁上）にはかつて砦が築かれていたと、郷土史家の中原勲さんにうかがったことがある。小松の探照灯を案内していただいたときにここにも防空砲台があったと話したらそう教えてくれ、砲台の場所としても適当であろうと。戦争末期、駆逐艦も停泊していたが、機銃で何を守ろうとしたのであろうか。中二階の農家（三七頁右）は今はないとのことで場所の確認はしなかった。日見の大歳神社には岩戸神舞が伝わっている。明治時代に山本佐五郎が屋代奥畑の神舞を習得して創始したもので、今は町指定の無形文化財になっている。大歳神社は年神、作物の神であるのに対し、荒神は火所の神であるとともに部落神の性格も持っていたのであろう、かつてはどの家にも台所に荒神棚があり、また道ばたにも荒神の祠があったと記憶している。御神木は榎で、藁縄が蛇を表すように巻かれている。島四国八十八ヶ所の根本霊場である西長寺のそばなので、遍路を守護する道祖神でもあったかと想像してみる。

日見から横見にかけては風の強いところで、松の記憶はないが、この辺りがあるとき急に広くなったように感じたことがある。松が伐られてそのように思ったのかもしれない。陶器市（三九頁上）の場所はバス停のすぐそばで、陶磁器は「からつ」といい、出井の母の実家近くの店を唐津屋と呼んでいた。旧沖浦西小学校（三九頁左中）は木造校舎が写真の奥にもう一棟あり、その一部が残っていて今も使われている。備前焼の二宮金次郎像は今と異なり手前の校舎の向って右側にあった。旧校舎は昭和五九年（一九八四）に建て替えられ、平成八年（一九九六）の東西小学校統合後、沖浦小学校校舎となった。児童数は昭和四二年で西小が一七四人、東小が八三人、対して平成二七年の沖浦小は二一人である。宮本は今の県道の奥の旧道を歩き、振り返って防波堤を撮影している（三八頁上）。私はこの横見海岸から月を見るのが好きで、仲秋の名月は特に美しい。海沿いにゆき、上に祠のある立岩のそばを通る（三九頁左下）。この先の横見浜にも小祠がある。立岩の右にみえるのは、地元でハコ島と呼んでいる下荷内島《しもにないじま》で、左が上荷内島《かみにないじま》である。下荷内島には昭和一二年につくられた灯台があり、島の反対側は畑作がなされていたが、少し前に平郡島《へいぐんとう》行きのフェリーから見たときは作られていないようだった。遠くに見えるのが平郡島である。

戸田は昭和三〇年頃まで安下庄とともに平郡島への渡津であった。海岸通りは旧沖浦村の官庁街で、当時の建物では昭和八年に出来た旧沖浦郵便局が残っている。吉野文庫（三九頁右）は旧庁舎の沖浦公民館の中にあり、伯母の家の近くでもあったのでよく利用していた。伯母は山岡荘八の『徳川家康』を愛読していた。今は建て替えられて山口大島農業協同組合沖浦支所となっている。後方にみえる高い煙突は昭和一〇年頃に廃業した藤村酒場のものである。そばに戸田神社と源空寺があり、戸田神社の宮司は松尾、地名も松尾、通称は新宮神社、明神様という。

赤石様（赤石大明神）の御神体は赤褐色の石で、赤い色は錆止めに使うベンガラと同じ酸化鉄による。婦人病や腰から下の病に御利益があるとされるのは、その色や形が女性の外生殖器を想起させ、そこに霊力を感じたと考えられる。各所にあるが、郡内ではここが著名。香炉の脇に立てられているのは千本幟で（四〇頁左）、今は赤い紙が用いられ、一般的な干支と性別ではなく、姓名が記されている。例大祭は曜日に関係なく新暦五月一〇日である。赤石神社の山側に金比羅宮があり、長崎和泉守の供養塔（四〇頁右）はその左にある。源空寺を開いたと伝えられるが、寺は以前にはもっと山手にあったと聞いた。花生けが二対あるのはなぜだろう。

宮本はここから先はバスに乗っている。出井の風景（四〇頁上）は大正時代につくられたトンネルを少し下ったところから撮影したもので、トンネルは現在心霊パワースポットになっているとか。出井のバス停は集落の上の方にあり、バスの切符を扱っていた雑貨屋も出井といった。本章扉写真の手前の家はとかれていた。次の家房は撮影していない。秋の木造船には一艘だけ早めの正月飾りがしてある（四一頁右）。秋、吉浦の防潮林（四一頁）は、二〇年前でも少し残っていたと思う。吉浦はずれの水田（四一頁左下）の場所はよく霧がたちこめるからか、今はまったく耕作されていない。

五〇年後

宮本の写真は一九六七年の撮影であるから、すでに五〇年がすぎようとしている。宮本は島嶼の調査をするとともに、島でも本土なみの暮らしが出来るようにと尽力した。しかし本土なみの暮らしがしたければ本土に移住する方が話は早い。子供達は学校を出て島外に生活の場を求め、そして帰ってこなかった。しかし今、周防大島は転入・転出がほぼ同数である。島出身者が多いがそうでない人も少なくない。転入する人達は島に何を求めているのであろうか。島の暮らしを島の人々がみつめなおし、移住者の気持ちを受け入れたとき、本当に住みたい島になるのではないだろうか。

——二〇一五年一〇月二七日　母の祥月命日

安下庄、真宮の商店街。S39.2.15

III 安下庄・日良居

安高付近から嵩山を望む。山肌に段々畑や植
林がみえる。平地は水田だった。S35.10.24

上＝甲山からみた安下庄湾。中央に見えるのは亀島。亀島神社があり、備長炭の材にもなるウバメガシの群生地としても知られる。S35.10.24／右中＝安下庄の港に停泊する漁船。安下庄は古くから漁業の盛んなところで、江戸期には御立浦の一つとして優先的に網を曳く権利を保障されていた。S48.8.11／右下＝橘町庁舎。S48.8.11／左＝丸太が置かれている安下庄港。島中を覆う松の木はパルプ材や建築材として島外へ輸出した。S37.3.14

上＝安下庄高校から真宮、西浦、和戸付近を望む。安下庄湾に沿って商家・漁家が密集し、嵩山の麓にはミカンの段々畑が拓かれている。港は現在埋め立てが進んでいる。S35.10.24／右＝家々の間を縫う舗装された道。S42.12.20／左中＝安下庄をはじめ外浦では妻入の民家が多かった。S39.2.15／左下＝安下庄高校の自転車置き場。島内各地から自転車で通学する学生が多かった。S35.10.24

上＝鹿家の集落と砂浜。S35.10.24／下＝土居坂より安高・竜崎をみる。S39.2.15

上＝防波堤が整備された現在の鹿家。H27.10／下＝竜崎の船溜まり。S53.8.12

右頁：上＝油良の集落を上空からみる。S41.12.23／下＝土居の集落。右上が旧家、海側が後にできた家。敷地の区分が異なる。S41.12.23
左頁：上＝山手に広がる水田とミカン畑。土居付近。S41.12.23／右＝ミカン畑とアスファルト舗装された道。土居～油良。S51.4.1／左中＝狭いながらも二車線の道をバスが行く。土居。S39.7.17／左下＝土居の町並み。呉服店・建具屋が軒を連ねる。S51.4.1

上＝潮のひいた土居港。干潟に遊ぶ人、防波堤の石積みが見える。現在は漁港が整備されている。周防大島では南側の外浦に対して、北側を内浦という。奥は白鳥神社の社叢。S35.8.9／右頁下＝板壁・瓦葺きの家々が並ぶ海に面した土居の集落。かつては日前・油良とあわせて日良居村を形成し、土居には村役場が置かれていた。浮島へ渡る船上より。S39.10.5／左頁下＝松が生い茂る白鳥神社の社叢。松葉（コッパ）はガスが普及するまでは焚き付けなどに用いた。S50.12.18

上＝土居の集落にある庵。この前が広場になっており、夏にはここで盆踊りが行われた。S35.10.26／右中＝オイコを負って畑へ行く人。日前～長浜。S39.2.14／右下＝苫をかけた木造のイワシ網船。イワシ網は浦々にあって、カタクチイワシは古くから暮らしを支える重要な海産資源であった。土居。S35.10.26／左＝墓所。四角錐の大きな墓石は軍人墓。土居。移動中の車内より撮影。S51.4.7

上＝油良の集落を東側からみる。S33.11.16／下＝長浜の集落を西よりみる。S51.4.1

宮本常一の写真から地域写真へ

髙木泰伸

記憶装置としての写真

「写真の本当の価値というのは三〇年経って初めてわかるんだなと思いました。宮本常一さんが撮った写真をみて、現地をみて、たくさんの思い出が語れる。こんなにたくさん地元の写真を遺してくれたことを嬉しく思いますよ」。周防大島文化交流センターでは、数年前から宮本常一写真の撮影地をあるく「古写真の風景をあるく」という企画を開催している。この企画に参加された七〇歳代の男性がこんなことを仰った。この実感のこもった感想は、実に多くのことを示唆している。

写真は眼前にある被写体を記録することができる、まさに瞬間の記録である。瞬間の蓄積を歴史と考えるならば、我々はカメラを手にすることで写真をもって歴史を語る術を身につけたと言える。そして、写真から呼び覚まされる体験の記憶がある。宮本常一は「忘れてはいけないというものをとっただけ」と語っている（宮本常一『私の日本地図①　天竜川に沿って』同友館、一九六七年）。宮本は撮りためた写真のスクラップブックを手許に置いて執筆していたといわれ、自ら見た事物、その時の印象を呼び覚ます外部記憶装置とし

上空から安下庄を一望する。昭和20年代

て、写真というメディアをもっとも有効に利用していた（高橋延明「宮本常一の写真作法」『宮本常一と芳賀日出男があるいた九州・昭和三七年』みずのわ出版、二〇一一年）。宮本は、記録するという意味での写真の有用性をよく理解していたのである。

そして、いま宮本写真は、地域の人たちにとっても忘れかけていた「思い出」を呼び覚まし、再び「忘れてはいけないというもの」であった事物の記録として、再認識されつつある。それは冒頭に掲げた男性の感想が示す通りである。

三〇年といえばちょうど一世代で、風景や人の考え方が変わる時期である。その当時を過ごした人たちももちろんお元気なことが多い。青年時代の写真から思い出語りがはじまり、そのなかには、地域の暮らしを支えたものが何であったのかを探るヒントもたくさん

出征兵士を見送る人びと。安下庄の商店街。昭和10年代

含まれている。

地域に残る古写真

しかし、一〇万枚を超える膨大な宮本写真とて、地域の風景や瞬間が全て記録されているわけではない。宮本が撮影した周防大島の写真のなかで、安《あ》下庄《げのしょう》の写真は必ずしも多くない。それは宮本が安下庄の調査に足繁く通っていたのが昭和二〇年代までで、本格的にカメラを調査に用いるようになる以前であったからである。宮本は「御立《おたて》浦《うら》周防安下庄浦の変遷」（『渋沢水産史研究室報告』第二輯、日本常民文化研究所、一九四二年）をはじめ、安下庄について論文を早い時期にも執筆しているが、写真は多くない。

小松は山陽本線から連絡する渡船場

大売出しの横断幕を掲げた西浦のえびす通り商店街。昭和30年代

があり、帰郷の際には必ず立ち寄っていた。久賀には民具収集・資料館づくり、棚田調査のために昭和四〇年代にもしばしば足を運んでいる。また東和地区では町誌編纂の調査もあって全集落を巡って写真を撮っている。

　しかし、かつての安下庄がどういう風景であったのかを知りうる資料、地元の子供たちに安下庄の変遷を説明する際の写真が少なかった。また、耕作放棄地を再生しようとしている人から、昔の安下庄の棚田の写真はないだろうかとの問合せがあった。だが、残念ながら宮本写真には求められていた写真はなかった。昔がどうであったのかを知り、また農地再生の作業のなかで、当時の写真を心の支えとされたかったのであろう。過ぎし日の安下庄の風景

甲山から三ツ松・庄の集落を望む。昭和10年代

に思いをめぐらせられるような写真はないものだろうか、またかつての安下庄の風景を子供たちに紹介できる写真はないだろうか、と思っていた。

そんなときに、幸いにして橘歴史民俗資料館に所蔵されている安下庄の古い写真をみつけることができた。全部で約六〇点が水貼パネルになって保管されていた。これらは旧橘町時代に展示会を開催した折、安下庄の滝本写真館の店主・滝本洋司郎さんが制作したものであった。

滝本洋司郎さんは、写真館を営みながら、安下庄高校（現周防大島高校）で美術教師として教鞭を執り、また大島美術連盟や橘郷土会の世話をするなど生涯学習活動にも長年にわたって活躍された人である。滝本さんと旧知の仲

西浦・和戸・古城付近を望む。中央に見えるのは亀島。昭和10年代

である文化交流センターのボランティア・地域交流員の松永勉さんとともに滝本写真館を訪ねた。写真のデジタル化と社会教育事業に役立てたい旨をお話しすると、ぜひ有効に利用してくださいとの返事をいただいた。そして、後日には自分が持っておくよりも町の方で活用して下さいと、その他の写真もあわせて寄贈いただくこととなった。滝本さんによれば、自分が撮影したものの他に、父親が撮っていた写真を引き伸ばしたり、地域の写真を預かって引き伸ばしたりしたものもあるという。本稿に掲載している写真がその一部である。

古写真が語る安下庄の暮らし

滝本さんの写真をみると、当たり前

源明からみた田中原の水田地帯。昭和30年代

のように見ている風景が大きく変わったことを改めて感じる。特に驚いたのは、ほんの半世紀前には古老たちの話から想像していた以上に砂浜が広かったことである。浜には、大小の木造漁船が浜揚げされている。岬の丘から三ツ松の浜を写した写真（六四頁）には、木造のイワシ網船が二艘並んでいる。

　安下庄は、かつては藩から優先的な漁業を営む権利、網を曳く権利を与えられた御立浦《おたてうら》として栄え、江戸期を通じて漁業の発達をみた地域であった。『橘町史』（橘町、一九八三年）によれば、寛永一一年（一六三四）にわずかに三〇数戸程度であった漁家は、元文二年（一七三七）には一三七戸、幕末の天保一三年（一八四二）には三八六戸にまで増えている。

　特にイワシ網漁、古くは肥料として珍重された干鰯《ほしか》の製造、さらにイリコの製造は、この地の基幹産業であった。現在もイリコの加工場があり、味の良い大島イリコは安下庄の特産品である。イリコの加工には昔から女性が従事し、夏から秋にかけての重要な収入源

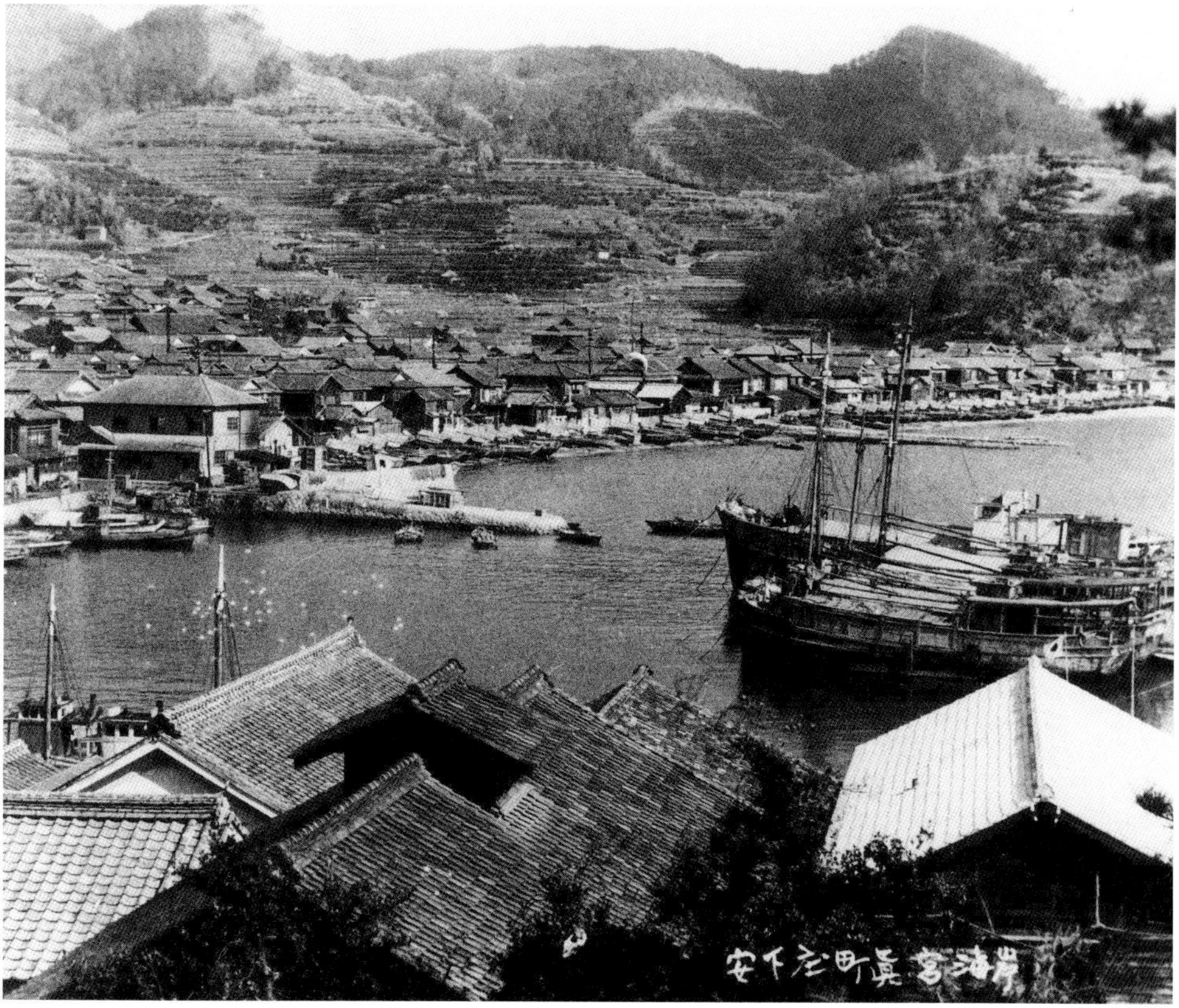

木造の貨物船が停泊する真宮の港。昭和20年代

として家計を支えていたという。いまは機械が導入されているが、写真が撮影された当時は浜一面にイワシが干してあったことだろう。

地元で幼少期を過ごした二〇歳代の若者も、「夏休みの朝、ラジオ体操に行く時、加工場の近くはいつも魚のにおいが充ちてたのを憶えてますよ。友だちと海辺に干されていたイリコをこっそりつまんで食べてました。つい最近のことだけど、そんな風景もみなくなりましたね」と語ってくれたのが印象的だった。好不漁の波のあるイリコ産業は、この地の暮らしを支えるとともに、季節の風物詩の一つであった。

安下庄の家々が密集する集落の背後には、平地に水田がひろがり、山頂までよく拓かれている。六五頁の写真から、

上＝甲山を削った安下庄中学校（現周防大島高校）の造成地。大正末頃
下＝昭和4年12月に落成した安下庄小学校の木造校舎

上＝塩宇付近から安下庄湾・甲山を望む。昭和初期
下＝児童全員が整列して東方遙拝。安下庄小学校。昭和初期

安下庄高校のグラウンドで開催された相撲巡業。昭和20年代

山肌の畑にはサツマイモの蔓が青々と茂っているのがみてとれる。サツマイモは、江戸時代に周防大島に伝来して、人口の爆発的な増加を促した。五〇年ほど前まで島の生活を支えた重要産品であったことをうかがわせる。また、六六頁の田中原《たなかばら》付近の写真には、その地名が示す通り水田が広がっているのがうかがえる。現在は宅地になり、ミカンの木々が茂るようになったところも少なくないが、かつては水田耕作を中心とした農業があったことを伝えている。そして、山肌にはすでにミカンが植えられていて、昭和三〇年代の島嶼地域農業の転換期の様子をうかがい知ることができる。

そして、何よりも新鮮な驚きを感じたのが、六九頁の甲山《こうのやま》の写真である。

真宮の港で行われた旧制安下庄中学校の水泳大会。昭和初期

いま周防大島高校の建つこの山に、これほどまでに段々畑が広がっていたとは全く知らなかったからである。平地という平地は余すことなく水をひき、田をひらき、山肌には耕して天に至るといわれた段々畑を拓いた。

昭和一〇年代の行政文書をみると、あらゆる方法で開墾して食糧の増産を図っている。また終戦後には緊急開拓事業として山中の未墾地、離れ小島の無人島さえも開墾している。この緊急開拓には海外からの引揚者も多く従事したという。滝本さんからご提供いただいた昭和二〇年（一九四五）前後の写真から、文書資料にみていた戦中戦後の食糧難時代が具体的にイメージできるようになり、往時の人たちの苦労に本当に頭の下がる思いがした。この

木造帆船や機帆船が停泊する安下庄湾。昭和初期

ようなリアリティをもった具体的なイメージを提供してくれるのが写真の力であり、またその風景がつくられた要因を探るヒントも提供してくれている。

宮本常一写真の引力

先に述べたように、宮本常一が撮影した写真を活用したフィールドワーク、またその成果を用いた展示会や、写真を用いて地域の歴史のお話を聞かせていただくことで、地元の方にも古写真の重要性を改めて認識してもらえるようになってきたように思う。そして、大切に保管されていた写真資料を文化交流センターに寄贈していただく機会も多くなった。

写真が趣味だったという方に昔撮影された写真を見せていただいたことが

ミカンの出荷風景。木箱に入れたミカンを貨物船へ積み込む。昭和30年代

縁で、センターの活動にも興味をもってもらい、地域交流員に登録いただくこともあった。最近では、地域交流員の方が祖母の家を解体するというので、屋根裏部屋をみせていただいた。サンフランシスコに移民していたその方の曾祖父と祖父にあたる人物の関係資料が多数あり、そのなかには移民先での多くの写真が含まれていた。古文書も含めて、膨大な資料なので、ぜひ一緒に整理をやりましょうと言って、地域交流員の方も一緒になってクリーニング作業を始めたところである。

宮本常一写真という一つの資料群が整備され、それをもとにした活動が根付いてきたことで、我が家の歴史、地域の歴史を見つめ直す取組みが進みつつある。研究者や学芸員の間では「資料

安下庄に夏の訪れを告げる御田頭祭の神輿行列。安高。昭和30年代

が資料を呼ぶ」などと話すことがしばしばある。一つの核になる資料の活用によって、新たな資料が発見されていくということである。文化交流センターの活動を振り返ると、まさに宮本常一写真の引力によって多くの地域写真を収集していく流れができつつある。ここに掲げた滝本写真館から寄贈いただいた写真資料もその一つにあたる。

これらの文化交流センターへ集まった地域に残る写真が、現在においてどのような意味を持ちうるのかを、聞き取り調査や撮影地めぐりを通じて探り、価値付けしていきたい。そして、写真一枚一枚が持つ暮らしの文化を伝える価値を多くの人と共有する、写真資料の資源化の取り組みをこれからも続けていきたい。

市立商人。S20年代

IV 久賀・椋野

久賀の町を東側からみる。商家の立ちならぶ目抜き通りが東西に続く。S41.12.23

上＝久賀南部を上空からみる。鎌倉期には久賀保とあり、公領であったといわれる。また平安期の条里整田らしき区画もみられ、その周辺に名田が発達したと推測されている。S41.12.23／右中＝商家の立ちならぶ久賀のメインストリート。S51.4.1／左中＝「観光の久賀」の看板を掲げた中心街。S36.1.13／左下＝電化製品の看板が目立つ商店街。江戸期以降、久賀は商人の町として発展し、多くの小売店が軒を連ねた。S39.7.17

上＝久賀の暮らしを潤す津原川の流れ。中央には川遊びをする子供たち。民家に付けられたガンギが川と暮らしの親密さを窺わせる。上水道が整備される以前、古くはこの川の流れで食器などを洗うこともあったという。奥に見える平屋はもと郵便局の建物。道はまだ未舗装である。S35.4.29／左上＝右写真と同地点。イチョウの木が大きくなっているのが時間の経過を感じさせる。道路はアスファルト舗装されて、石積みだった川岸はコンクリート護岸になっている。S54.11.24-25／左中＝津原川沿いに建つ白壁の醸造蔵。久賀では津原川をはじめ豊かな水を利用して酒や醤油などの醸造業が栄え、特産品であるミカンの加工のため缶詰工場も建てられた。S35.1.6／左下＝瓦屋根のつづく久賀東部の家並みを上空よりみる。手前の大きな屋根は覚法寺、奥には阿弥陀寺の屋根が見える。S41.12.23

上＝久賀の旧家・伊藤家。江戸期には庄屋を務めた。S46.8.18／下＝久賀の小路。S35.4.29

上＝戦後に整備された公営住宅。はじめは海外からの引揚者向け住宅として建てられたという。戦前期には久賀から満州や朝鮮に渡った人も多かった。S35.4.29／右＝モダンな造りの旧久賀町役場。S54.11.24-25／左中＝久賀高校の校舎とグラウンド。大正8年（1919）に高等女学校として創設され、現在は周防大島高校久賀校舎となる。S35.4.29／左下＝旧久賀歴史民俗資料館。S53.6.16

上＝久賀東部に広がる水田。田の脇には洗濯物が干されている。現在は公共施設が建ち、ほとんどが宅地となっている。奥に見えるのは八田八幡宮の社叢。八田八幡宮は貞観年間（859-877）に勧請されたという伝承をもち、古くから久賀の氏神として信仰されている。S35.4.29／右中＝八田八幡宮の社殿に据えられた百度参りの札と御供米を入れる桶。S35.1.6／左＝見事に積み上げられた八田八幡宮の石垣と参道に敷かれた石畳。S54.11.25／右下＝遍路道を案内する石柱。S49.4.1-2

上＝久賀戎町に祀られた玉神社。宝永7年（1710）に勧請され、浦方の鎮守神として主に漁民、商人によって信仰された。地元では「蛭子」とも言われていたようで、漁村でよくみられているエビス神であるという。S51.4.1／右＝久屋寺の本堂には躍動感のある龍の彫刻がある。周防大島は腕ききの彫刻師を多く輩出した地でもある。同寺は明治初期に久福寺と神屋寺とが合併した曹洞宗の寺院。S53.6.16／左＝散在した墓石を集積した寄せ墓。S54.7.24-30

上＝貨物船が停泊する久賀港。江戸時代の文政年間（1818-1830）に地元有力者の尽力によって波止（古波止）が築かれて港としての機能が整備されていった。天保期（1830-1844）の記録では、大小の廻船が32艘あり千石を超える船を持つ者もあった。時代が下って昭和期には、再び町民有志が私財を投じて大規模な港湾建設を行い、久賀の漁業・海運業の発展に寄与したという。S36.8.15／左上＝町の東側からみた久賀の渚。潮の引いた干潟に遊ぶ人が見える。海沿いの造船所、河口の石積みが写り込んでいる。現在は海岸道路が整備され、防潮堤を設けて、沖には消波ブロックが据えられている。S35.4.29／左中＝沖に停泊する客船と港をつなぐ櫓漕ぎのハシケ。S36.8.19／左下＝久賀の町と離島の前島を結ぶ定期船・むつみ丸。学校帰りの女学生が乗り込んでいる。背後の建物はミカンの選果場。S36.8.19

右頁：上＝浮桟橋に備え付けたイケスから魚をすくう。竹製のイケスを積んだ伝馬船がみえる。S47.3.23-29／下＝木造の漁船、貨物船が停泊する港。S36.8.15
左頁：上＝船大工たちが活躍する造船所。久賀は古くから御立浦として漁業で栄え、それを支える船大工をはじめとした職人たちも技術を磨いた。S47.3.23-29／右＝港に干された漁網。S47.3.23-29／左＝櫓作りを生業とした職人の店。S49.4.1-2

上＝未舗装の道をゆく。久賀～椋野。S36.1.13／下＝海に遊ぶ人たち。大崎付近。S54.7.24-30

上＝アスファルト舗装の二車線道路。大島大橋の開通をひかえ、島内の道路網も整備された。椋野の西部。S51.4.1／右＝養殖棚と石積みの防波堤のある椋野の港。沖に見えるのは前島。S39.7.17／左中＝海岸に建つ家。椋野山下浜。この海辺の集落はもと内海の家船漁民が陸上がりして定住したという。S51.4.1／左下＝コンクリートの民家。この付近で最初に建てられたコンクリート造りの家であったという。椋野。S39.7.17

久賀の山手に拓かれた棚田にミカンが植えられていく。S41.12.23

上＝久賀の西部を上空から見る。右側には田を潤す溜め池があり、平地は水田。山肌にはミカンの木々が生い茂る。この後、水田もミカン畑への転換がさらに進む。S41.12.23／右＝水田と畦道。久賀の東側。S35.4.29／左中＝石を積んで拓いた久賀の棚田。溜め池を築き周辺の田へ水を配る。稲を刈りとった後のワラ積みがある。ワラも道具を作る材として貴重な資源であった。S34.1.5／左下＝藁葺き屋根の家。S39.2.14

上＝棚田には水を下の田へ落とすスイドウがある。S36.10.19／下＝田とミカン畑。S55.4.28

上＝昭和50年代になると、久賀では山の棚田に植えられたミカンが茂り、平地の田にもミカンが植えられた。ミカンの栽培によって多くの現金収入がこの地にもたらされた。S54.7.24-30／右＝田に植えられたミカンの幼木。昭和30年代後半から久賀でもミカン栽培が盛んになった。S39.2.14／左中＝ミカンの木々が山肌を覆う。S54.7.24-30／左下＝棚田に植えられたミカンが実をつける。畑の脇には収穫した実を搬出するモノレールも設けられている。S54.11.25

長い年月をかけて拓かれた幾段にも連なる棚田。椋野。S47.3.23-29

上＝山頂までつづく大崎のミカン畑。中央にはミカンを貯蔵する農小屋がみえる。山を削り、石を積み、水のとれるところは一滴も無駄にせぬようスイドウを通して田を拓いた。そして時代の趨勢をみて米からミカンへの転作が大規模に行われた。／右＝大崎付近の傾斜地にもミカンが植えられている。大島郡全体で最盛期には2400町歩のミカン畑があった。／左＝集落を結ぶ山手の往還道。大崎～白石。＊全てS47.3.23-29撮影。

傾斜地に石を積み、家を建てた。狭い集落の道をコンクリートで舗装する。大崎。S47.3.23-29

上＝農家が点在する大崎の集落。家の周囲はミカン畑になっている。右上には植えられて間もないミカンの低木も見える。／右＝中二階のある農家。中二階では蚕を飼い、また物置として農具を収めたりした。ミカン畑の中には、もと蚕の餌になる桑が植えられていたところもあった。庭は脱穀や穀物を干す作業場であった。／左＝家々を結ぶ集落の道。自家用の野菜畑を持った家が多い。
＊全て大崎にてS47.3.23-29撮影。

宮本写真からの学び

徳毛敦洋

はじめに

高度成長とそれに伴う社会構造の変化は、日本の景観を一変させた。それは地域社会において顕著である。伝統的な祭りの規模の縮小・廃止が象徴的なように、地域における特徴を活かしながら生活してきた人々の文化がここ数十年で急速に変化してきた。現在、地域固有の文化を追おうとしても既に失われてしまい、無くなってしまったものも多い。地域にどのような歴史があったかを知ることは「地方の時代」が叫ばれて久しい今日、重要なことと思われる。文献資料を手がかりにした学習も重要であるが、宮本常一の残した写真はそれを紐解く上で有効な手がかりとなる。本稿では宮本写真を活用した地域学習の一例を自身の経験を交えて紹介する。

二年前、久賀に学芸担当として赴任してきた時、地元のことを知る上で手がかりとなったのが、『久賀町誌』「防長風土注進案」などの文献資料はもちろんであるが、それ以上に活用したのが宮本写真であった。宮本は自身の写真評を、以下のように述べる。

「ここにかかげる写真は一見して何でもないつまらぬものが多い。家をとったり、山の杉林をとったり、田や畑をとったり。しかし私にはそれが面白いのである。そこには人間のいとなみがある。（中略）単なる旅行案内書や地誌的な書物の写真とは大いに異っており、一つの文化史的資料としては重要な価値をもっていることを確信している」（宮本常一『私の日本地図① 天竜川に沿って』同友館、一九六七年）

つまり、民俗学者・宮本常一によって写真に切り取られた景観からは、現在まで受け継いできた地域の歴史を読み取ることができるのである。何気ない人間の営み、言い換えれば日常生活がそのまま記録されているといってよい。我々が写真を撮る場合、記念になるハレの時が多いが、宮本はそうでなく日情のありのままを撮影している。さらに消え行く生活文化を残そうとする民俗学者としての視点も加わるのである。宮本写真は生活文化を知るうえで価値の高い情報を得ることができる。

宮本常一と久賀

周防大島町久賀は、江戸時代は大島郡の宰判（代官所）が置かれたところであり、昔から周防大島町の中心地として機能していた。久賀は古い記録では久賀保とある。「保」とは律令制での地方行政の単位であり、公的な土地である。久賀西部には「宗光」や「庄地《しょうじ》」といった個人の開墾による「名田《みょうでん》」由来の地名があり、古墳も存在する。中心部からやや南にいったところには「久保河内《くぼごうち》」「殿河内《とのごうち》」といった地名もある。河内は替地の転訛したもので、土地整理が進んだことをうかがわせるものである。平地から山側へと開発されていった。中世以前は一六世紀の大内氏滅亡とその後の動乱で古い記録が残されていない。江戸時代になって社会が安定すると次第に定住者が増え、現在の町並みを形成していったと考えられている。長州藩の米作奨励の施策もあって、山の斜面に向けての開墾が進むこととなった。幕末には幕長戦争の舞台ともなった場所で、江戸時代以前の記録は断片的にしか確認されていない。

さて、久賀と宮本との接点は宮本の幼少期までさかのぼる。宮本は久賀から東に進んだ旧東和町の生まれである。祖父と三蒲の幻性寺まで病気の治癒祈願に歩いた時の久賀の思い出を書き残しており、祖父に聞かされた久賀の繁栄を物語る親子の微笑ましい会話を、自叙伝『民俗学の旅』で以下のように紹介している。

息子「とと（父）とと、久賀は広いのう、日本ほどあろうか」

親父「馬鹿、日本は久賀の倍ほどある」

日本の広さを知らない父親の笑い話であるが、広いところ、町のにぎわいを想起して幼少期の宮本にとって久賀は多少なりとも影響を与えたようである。久賀の長者が勘当された他所の子供を引き取って立派な人物へ育て上げた話を聞いて、「人の値打ちを見つけることのできる土地」という印象を持ち、次第に宮本にとっての久賀は「憧れの町」と形容するまでになっていった。

「島のなかにいてはなやかな世界をのぞいてみようとすれば、まず久賀へいくことであり、久賀へいくと何かしら心をみたしてくれるものがあった。島の人たちにとって久賀は島の都として映っていた」（『あるくみるきく』八三号、日本観光文化研究所、一九七四年）

昭和二〇年代の後半、久賀町制五〇周年事業として町誌を編纂することになり、宮本はその編纂委員長として久賀の調査にあたることになった。久賀と縁が深まるのはこのときからである。久賀では主に棚田に注目し、その解析を通じて土地利用の歴史的変遷を追うことが目的であった。高度成長もひと段落した昭和四〇年代の後半には、機械化され使われなくなった用具が失われることを懸念し、町民に呼びかけて、宮本の指導の下、民具を収集した。集まったそれらの道具は歴史民俗資料館を造って収蔵展示することとなり、船大工や石工といった職人が用いる道具の一部は、昭和五三年（一九七八）に国の重要有形民俗文化財「久賀の諸職用具」として指定された。指定後には調査報告書を出すことになり、ここでも宮本が調査班を設けて関わっている。『久賀町誌』に携わることになって以降、久賀との縁は宮本が亡くなるまで続いた。よって、宮本が撮った久賀の写真は『久賀町誌』に関わることになった昭和二〇年代の後半から、亡くなる直前の昭和五五年（一九八〇）まで断続的に残されており、戦後の久賀の変遷を追う上で重要な資料といえる。

棚田

「久賀の町の東南部の谷の田はミカンでおおわれていた。棚田そのままでも、畦が曲線を描いているのが特に不思議な美観を生み出しているが、ミカンが植えられると、また違った美しさが生れてくる。それはジュウタンか何ぞのような感触をおぼえるものである」（『私の日本地図⑨　周防大島』同友館、一九七一年）

　久賀に着任して早々、この地の暮らしを知るため、宮本写真を片手に撮影地を調べてみることにした。手始めに宮本が大きく関心を寄せていた棚田である。宮本が撮った久賀の中でも棚田の写真が多くを占める。土地勘がない自分にとって場所の比定ができない写真も多く、耕作されなくなって久しい田も多い。しかし、なんとか判明する写真もあった。海を見下ろした写真で、久賀の東に位置する大崎という集落付近であった（九五頁右）。棚田調査の時に宮本が山道を通って撮影したものである。現在の久賀は周防大島の他の地区と同様、山の傾斜を利用したみかん畑が多いが、宮本写真と比べると、そこが元は水田であったことが分かる。この山道を通って西へ向かう。いまは舗装された道路の脇に、棚田時代に使っていたと思われるため池があった。このあたりは水が少なく水はけのよいところであり、水の確保に苦心するところであったらしく、ため池が多かったという。大崎から東郷垰《とうごんたお》へと向かう道は、だんだんとみかん畑が減っていき、山の斜面がコンク

畑能庄の棚田。ほとんどがミカンに転作し、現在も水田耕作をつづけているところは少なくなった。H25.5

リートで固められた竹林となっていく。だが、コンクリートの垣が続く中、野面積みで築かれた石垣がところどころに出現する。もう手が入らなくなって久しくなった棚田があったところのようである。竹林を少し分け入って斜面を登ってみると雑草が生い茂っているが、わずかに石垣が見つかるところがある。往時はこの東郷山《とうごうやま》のいたるところが開墾され、耕地として利用されてきた。

　このように写真によって土地利用の歴史が判明するのである。みかんは大島の特産品として有名になったが、その歴史はここ数十年のことであった。みかんは江戸時代から存在するが、特産品として世に知れ渡るのは、農業協同組合の主導で棚田をみかん畑へと切り替え始めた昭和三〇年代からである。宮本写真はその過渡期をはさんでおり、棚田がみかん畑に変わっていく様子がよくわかる。宮本にも土地利用の変化を記録するという意図があったように思われる。東郷垰あたりから眼下へみかん畑が見られるところへ出て山田の集落の奥へと足を進める。この山田も同様にみかん畑が続く。ここは宮崎川の水系にあたり、その水を利用している。山田を出ると主要道は帯石を通って橘地区に抜ける道となる。その脇道を行くと畑能庄《はたのうしょう》に続く新しい道となる。畑能庄には現在でも水田耕作をしている棚田がある。

宮本の棚田写真を見ていると、石垣に暗渠があることに気づく。能庄の棚田にも暗渠がある。暗渠は地下に張り巡らされた石の用水路から水を引くために作られたものである。そして能庄にあるこの地下水道は「能庄スイドウ」として知られ、現在も残る比較的規模の大きいもので、水の流れに石で覆いをつくり、その上に土を盛って耕作地としたものである。水を覆った分、耕地が広くなる。石垣に暗渠をつくり、そこに樋を通して田んぼに水を引くのである。用水路も現在は近代的なものが整備されているが、みかん畑よりも農業用水を必要とした時代には、棚田が崩れ水の流れが悪くなると、下の田の所有者に迷惑がかかる。このため棚田の石垣や石で出来た用水路にはしっかりと手が加えられ、石垣の整然と連なる景観を持っていた。雑草が石垣を覆うと、石垣が崩れる元となるのである。急斜面の棚田は石垣も一段一段が背の高いものとなっていく。石垣の中腹にアブチと呼ばれる足場があるのは、この石垣に生えてくる雑草を刈るために設けられたものである。

草刈りの時の足場となるアブチ。H27.5

古くは、この刈りとった草も大切な資源で、田畑へすき込む肥料となった。なので、このアブチが土地の区分を示す場合もあったという。

久賀は多くの石工を輩出したところとして知られ、中国・四国山地や北九州などさまざまなところに出稼ぎに行って活躍している。彼らの技術的背景にはこうした久賀の地理的条件に規定された土地開拓があったことが影響している。斜面に建てられている家も多く、そこには野面の石を使った立派な石垣がある。各家庭には石垣を築き直すノミやゲンノウ、フンヅキといった簡単な石工道具がそれぞれ備わっていた。また、暗渠を伴った石垣が昭和五五年次の調査でも一二〇〇箇所発見されている。これは周防大島の中でもほぼ久賀のみに集中している。このことは庄屋への土地集積が比較的進んでいたから可能になったものと考えることもできる。川筋に石垣を組むことは、川の上流から下流までの水路がある所有者に関わることであり、所有者が同一でないと事業を行うことは難しい。同じ周防大島でも土地の所有形態など条件が異なると開発の歴史が異なるのである。この能庄以外に庄地というところにもこのスイドウが残っており、こちらは県指定の文化財となっている。石造りの文化の高さは棚田以外に神社にも見られる。久賀の氏神である八田《やあた》八幡宮の石垣や敷石は見事な造りである。切石を間隙なく積む中で、扇石とよばれる石工の遊び心が加えられた積み方もあり、そういったものも宮本は写真におさめている。

久賀中心部

次いで久賀の本通の写真に着目しながら、久賀本通を東から歩いてみる（七六―八一頁）。宮本が帰省の際に通った道である。宮崎川、御幸松《みゆきまつ》のあった広場を過ぎて、津原川《つわらがわ》を渡ると商店が建ち並ぶようになる。少し進んで大きな十字路まで行く。江戸時代の往還道はここまでで東部へ抜ける場合は南下して東郷垰を通るルートとなっていた。つまりここまでの道は比較的新しく、バス路線のために後年作られたものである。久賀のメインストリートである本通を撮った宮本の写真では、大島大橋が架かる前後の町の様子がよく分かる。明治以降、戦前戦後を通して繁華街として栄えた。久賀港を降りてまっすぐ南へ進むとこの十字路である。宮本も参加した『久賀町誌』の編纂委員会が開かれた元久賀町役場も十字路から南へ少し行ったところにある。宮本の写真からは「観光の久賀」と書かれたアーチが架かっていたことが分かる。学生の通学している様子もうかがえる。この撮影場所の少し東側が、当時周防久賀駅のあったところである。周防久賀駅を写した写真もあり、そこでは駅舎と待合所でバスを待つ人々の様子が分かる。海岸の国道はまだ整備されておらず、この久賀本通が幹線道路だったのである。整備されていない海岸は砂浜が広がっており、子供の遊び場所であった。江尻の浜は現在埋め立てられて景観が一変してしまったが、引揚者住宅などがあった。宮本は久賀に立ち寄るたびにこの本通を撮影しており、道路が整備されていく様子や商店街の変化がわかる。大島大橋が架橋し、その後島内の道路網が整備されていくにしたがって、久賀に限らず島内のいたるところで道の付け替えや舗装がなされていく。モータリゼーションの時代が本格的に大島へも到来していく。島民生活の大きな変化の表れである。宮

現在の久賀商店街。久賀駅のあった付近。H26.1

本の写真からそのことがうかがえる。

　大島大橋の架橋後は久賀に立ち寄る定期航路も漸次なくなっていき、現在では立ち寄る船は見られなくなってしまった。先の大崎・白石への道も、現在はトンネルや橋が架けられているが、宮本が通った頃には海岸に沿って設けられた道路を使っていた。

　十字路をさらに西に進むと久賀の中心部である。先に述べたように、久賀は江戸時代には勘場（代官所）が置かれた周防大島の中心地であった。現在のJA久賀支所のあるところが代官所の跡地である。古くは小学校、簡易裁判所、警察署や県の土木事務所など官公庁があった場所である。JA久賀支所前は、現在でも代官所のあった名残で、なむでん踊りや引山太鼓といった地域に残るお祭りの所作が披露される場所となっている。写真に写っている周防久賀駅からの通学風景も土地勘のない者にとってはなつかしさよりも新鮮さを覚える光景である。

　周防大島の中でも久賀は比較的平地の広がるところである。この地理的要因が古くから島の中で中心地として栄えるきっかけとなったといってよい。多くの人が住むに足る耕地を得ることができたのである。宮本写真には久賀上空から写したものもあるが、町域を外れると中世までさかのぼると思われる条里制を元とする田畑の区分があったことが分かる。現在は宅地となってしまい、その景観は過去のものとなっている。現在の周防大島町役場久賀庁舎や学校が並ぶ場所も耕地を整地して建てたものであり、庁舎も学校も元は久賀の中心部にあった。

　宮本は、「久賀は昔がよく残っている」と地元の人に話していたという。写真の中にも白壁が残る建物や狭い路地裏を写したものがあり、久賀中心部を歩くと、今もいたるところに石で造られた古い用水路を確認できる。津原川という比較的水量の多い川の上流から水を引いている。「防長風土注進案」には他の川と合わせて井手が一二〇箇所あったことが分かる。町中心部へは、定住が進み始めた江戸時代に津原川の上流にある一の井手から水を引いてきた記録がある。津原川下流沿いは江戸時代の庄屋格の家が建ち並んでいて、宮本が『久賀町誌』の編纂に乗り出し、久賀の調査に入って以降、調査や交流していたのがこれらの人々である。特に伊藤家では久賀に立ち寄る度に写真を残しており、川の浚渫、護岸などが進む様子が分かる。久賀町での調査について宮本は『久賀町誌』刊行後に回想して、

「私がまずおどろいたのは、町の人たちの協力ぶりであった。若い人たちは若い人たちで、壮年の人は壮年の人で、それぞれグループを作って協力してくれる。昼間は文献や文化的な資料の調査をする。夜は地域組合へ出かけていって座談会をする。そこへは古老や婦人連が集ってくれて、話がはずむ。こんなに楽しい調査はなかった」（前掲『あるくみるきく』）としている。

その理由には、宮本が同郷の高名な民俗学者ということもあろうが、久賀の人々の気質もあるだろう。代官所が置かれたといっても常駐する侍身分の人間は少なく、自然と宮本が「町衆」と表現する町民の自治によるところが大きくなっていった。彼らは早くに隠居し、「ダーハン」（旦那さん）と呼ばれる一種の文化人的な性格を帯びた人々であった。そういった流れをくむ人々が、宮本が調査に乗り出したころにはたくさんおり、町誌編纂事業や民具などの資料保存事業に協賛し、協力をしたからこそ「町民の協力が得られた」自治体史となったのであろう。その様子は宮本が亡くなった後に上梓された追悼文集『宮本常一――同時代の証言』からも分かる。

「宮本先生は帰郷の度、必ずといってよい程久賀町に足を向けられた。これを先生を囲む会の誰かがキャッチすると、メンバァーの家の電話が鳴る。定宿は久賀港のそばの鶴田書店である。（中略）ともかく話し好きと聞き好きの集りである」（松田国雄「クスの人」『宮本常一――同時代の証言』日本観光文化研究所、一九八一年）

港町

つづいて港町に目を向ける。現在の久賀港は明治になってから本格的に整備されるようになった。それ以前は宮崎川を入ったところに船着場があり、大きな船は停泊できなかった。文政年間（一八一八―一八三〇）に地元の名士によって少し離れた弁天というところに石造りの波止ができた。この波止について「防長風土注進案」では、

「芸州海を請候ニ付北風乾風坤風之節は殊之外浪荒ク相成、船寄せ候風蔭無御座毎事自他船難渋仕候、大庄屋格伊藤惣右衛門発起ニ而過ル文政十一子年御願申出、根張八間築留二間長五十間の波戸築立、只今ニ至候而は破難船之煩らひ無御座、自他之仕合不大形至極重宝ニ御座候、最人家よりは八町程相隔り居候付、湊内にて交易仕候儀無御座候、只今ニ而郡中初御運送米積立場所被仰付候、波戸之内干詰り深サ二間余御座候事」（山口県文書館編『防長風土注進案』一九八三年）

とあり、強い風が吹き付けることから、久賀港には大きな船が久賀港に停泊できなかったところに、波止ができたことによって難破する船がなくなり皆重宝していること。しかし、人家のある久賀中心部へは距離があり、交易に不便となっていることが指摘されている。明治になって久賀港が整備されて、より町が発展していくことになった。江戸期に築かれた弁天の古波止は、現在トンネルが通っている関係もあって、車通りがほとんどない場所にある。トンネルが開通する前はこの狭い道が主要道であった。

宮本が写した昭和三〇年代の港町には造船所があり、木造船が造られている様子を撮った写真も残っている。古波止も現在はコンクリートで補強されているが、宮本の写真からその当時の石積みの様子が分かる。モータリゼーションが進む前は、島の生活には船が必要だったことがわかる。そしてその船は木造船であった。木造船は時代の趨勢と共にFRP（強化プラスチック）の船へと変わっていった。

久賀東部に築かれた古波止。いまはコンクリートで補強されている。H26.1

町の歴史を調べていくと、この久賀港築港が町の発展に必要な事業として町の名士の間で認識されていたことが分かった。大洲《おおず》鉄然《てつねん》という覚法寺出身の幕末の真宗僧が奔走して築港にこぎつけており、その業績を称えた碑文も残されている。大洲鉄然は幕長戦争時に活躍し、戦後は中央の仏教界で活躍したことが知られているが、町の発展のためにも活動していたことがうかがえて興味深い。

写真を見ることで別の発見もある。久賀港の写真からスクールボートが出ていたことが分かる。これは久賀の沖合に浮かぶ前島の学生の通学用に運行していた船である。周防大島町でも学校の統廃合が進んでいるが、元は前島にも分校があった。写真が前島に目を向けさせるきっかけとなった。前島は江戸時代の中期に久賀の庄屋が私財を投じて開墾しはじめ、久賀の人が移り住んでいった歴史がある。前島の神社には、その私財を投じて開墾した庄屋が祭神とともに祭られており、久賀とは縁の深い島なのである。同じ写真からは船着場の様子が分かる。現在は使われなくなって久しい空き地が広がっているが、そこにはみかんの集荷場があった。船でみかんを出荷していた時代のものである。別の写真からは沖に着いた大型船の橋渡しをするダンベイと呼ばれる伝馬船が出ていたことも分かるのである。このように今日では見ることができない当時の日常がそこに記録されている。

また、久賀は漁師町でもあった。現在でも久賀港には漁船が多く浮かぶ。宮本写真を見ると洲崎《すさき》には網干場があったことや蛸壺の置き場などがあったことが分かる。久賀沖での漁のほかに、往時は対馬まで何日もかけて漁に出ていた。対馬の豆酘《つつ》村浅藻《あざも》というところには久賀の漁師が住みつき、枝村を形成している。先述の石工とともに、久賀の人々にとっては出稼ぎという生活文化が定着していたといえる。

「町を歩いて古老たちと話してみると、若い日を郷里以外ですごしたという経験を持たない者はほとんどない。それもただ働いて金をもうけて来るだけではなく、旅をして来ることによって同時に教養も高めている。そして旅をして来た一人一人が、この町をこの上なく愛しているのである」(前掲『あるくみるきく』)

宮本著『忘れられた日本人』に梶田富五郎という、久賀出身の漁師で対馬浅藻に住み着いた人物についての聞き書きが掲載されている。久賀から浅藻に移住し、村をゼロから開拓していった人のライフヒストリーである。職人として技術を身につけて行くのに加え、勤勉な働き手としても評判であった。明治になってハワイ出稼ぎという形で、久賀をはじめ周防大島の人々がその担い手として中心を担ったのも、こうした出稼ぎに抵抗のない生活文化が定着していたことに起因するといわれている。

宮本写真の可能性

宮本写真は学校教育でも活用されている。筆者も「ふるさと学習」と呼ばれる中学校の地域学習の場で、宮本写真を使って地域の変化を調べる授業を行った。子供たちを連れて写真の現地で景観の変化の解説をする。そして関心を持ったテーマについて調べて展示に使ってもらった。子供の反応はさまざまであるが、地元の歴史に触れ、知ってもらうことは自分たちの生まれたところの歴史を知ることになり、他所へ転出しても自身のルーツや郷里に誇りを持つことにもつながると考えている。文献や道具など郷里の歴史を知る方法は他にもあげることができるが、写真という視覚的にその時代の一場面を直接切り取った資料というのは、子供にも入っていきやすく、教材としてもより価値の高いものということができる。先述のように筆者にとっても、写真を片手に現地を実際に歩き、宮本の著書を読み進めることで、久賀の理解がさらに深まった。

また、聞き書き調査に写真を使う手法もある。久賀で生まれ育った人にとって、宮本の写真は実際に目の前にあった光景である。地元のそうした方に実際に見てもらい、思い出を語っていただくことで、そこにあった日常を知る手がかりとすることができる。上述のダンベイという伝馬船についての話や砂浜が遊び場であった話は、地元のそうした人から教わった話である。宮本の写真に導かれながらいろいろな話が次から次に語られていく。久賀から少し東にいったところに弁天の波止がある。その近くには「弁天の松」と呼ばれる名物の松があり、ここも子供の遊び場所であったという。宮本が撮影したものは直前に枯死してしまったものであるが、当時の様子を知る人によってそういった事情を知ることができる。海岸の国道が整備されてない頃は東郷垰や海岸に近い山道を越えて隣の集落へ移動していたそうである。それらの道は現在利用する人は少ないが、古くからの往還道である。

このように写真と聞き書きをセットにして調査をすすめることで、写真だけでは知りうることのできない情報を補完してくれるものといえよう。

宮本の遺族が周防大島文化交流センターに寄贈した写真ネガは全部で一〇万点ある。そのうち、久賀分は一〇〇〇点にのぼる。一〇〇〇点の写真からだけでもこれだけ町の歴史が垣間見られるのである。そして、そこには地域に根を下ろし、そこで生活をよりよくしようと工夫し、生活してきた人々の「カタチ」が写っている。写真だけでなく、宮本が携わった国指定の重要有形民俗文化財「久賀の諸職用具」も、久賀に住む各職人が工夫を凝らして作成、使用したおびただしい数の道具であふれている。それらの道具は使われなくなって久しいが、機械化された道具と違って、人の手が加わってより使いやすいよう工夫され、機能美を備えた一種の芸術品といってよいのかもしれない。宮本が『久賀町誌』以来、久賀の人々と交流が続いたのも、こうした町の文化や歴史を大切にする意識を持った人々に魅力を感じていたからであろう。

「われわれが魅力を感ずるのはその生活を大切にし、誠実に生きたことにあるのではないかと思う。そしてどの人も人なつっこいのである。その風物と、人なつっこさにひかされて、私は今日までこの町と縁がきれないで、この町の古文化をほりおこしてみることにかかずらわっているのである」（前掲『あるくみるきく』）

周防大島久賀も他聞にもれず過疎化の進む地域である。みかん畑も後継者不足が問題となって久しい。宮本が「新しい風景」と形容した景観も変わっている。棚田をみかん畑に変えるときにも、先祖代々守ってきた田を変えることに抵抗があったに違いないが、自分たちの生活をよりよくしようと模索した結果だったのである。今日の問題に地域の人がどのように模索し、結果を出していくのか宮本写真のように記録にとどめていくことが肝要である。それが将来、地域の歴史を知る手がかりになる。地域に根ざす資料館の学芸員として、今のありのままを写真に記録するとともに、宮本写真を用いた地域学習を今後も進めていきたい。

神領・永田吉郎氏宅での聞き取り調査。右が宮本、中央はともに調査をした藤谷和彦氏。S55.11.23

V 宮本常一の民俗調査

大島町屋代の緊急調査

須藤　護

はじめに

昭和五五年（一九八〇）の春であったと思う。旧大島町屋代地区を流れる屋代川上流にダムを建設する計画が現実のものとなり、屋代地区の一部（自光寺・樫原《かたぎわら》地区二二軒）が水没することになった。その後まもなく水没地域の歴史・民俗に関わる緊急調査計画が発案され、宮本常一先生が主任として行うことになった。当時、先生はこの種の調査を引き受けられる状態ではなかったと思われたが、無理を押して引き受けられた。それは調査の対象地が屋代であったこと、そして町からの強い要請があったからであろう。

周防大島は屋代島とも呼ばれ、屋代地区は大島の発祥の地ともいえる地域である。島内では最大の平野をもち、古くから開拓が進んでいた地域であった。この地域が水没してしまうという危機感が先に立ったのだと思う。調査団はこの年の八月に結成され、現地での資料収集が始まった。調査を行うにあたり先生は次のように述べている。

「この地域には屋代荘という平安時代から成立していた歴史の古い荘園があって、それが基盤になっている。屋代荘が今日までどのように変遷してきたのか、そして現在の断面がどうなっているか、それを調べていくことが大切だと思う。したがって今回は水没する二二軒だけを調べることではなく、屋代全体に目を向けていかなければならない」

「(屋代の地域には)吉兼、友広、助兼というような名田《みょうでん》を思わせる地名が多く見られ、自光寺以外に中世の名田が屋代にどの位あったかをつきとめていく。三ヵ所ほどでこれができると、屋代荘の崩壊過程がはっきり出てくるように思われるからである。

このようにしてみていくと古い村の姿がどのような形で残っているかが明らかになってくる。そして近代と中世が今も組み込まれておったということ、それが非常に構造的なものであった。それがダムができることで、ピシャッと破れてしまうことになる。ただ水没地域から人を移すということではなく、ダムができることによって伝統的につちかわれてきた社会構造が破壊されるということである。であるからこそきちんとした調査をして記録をし、後世に伝えていくことが、今我々に課せられた重要な任務である」

先生が主要なテーマとされてきた「国土開発史」「日本文化の形成」の研究対象地として、屋代地区への思いがつよく表れた言葉であり、長い時間をかけて人びとが培ってきた社会構造や暮らし方の構造が、ダム建設によって破壊されてしまうことにたいするどうしようもない思いが伝わってくる。

一　屋代の地理と歴史

大島町屋代は周防大島の西端にあたり、西屋代と東屋代に分かれている。先の調査の対象地は東屋代地区で、小高い山に囲まれた地域である。この地域の南東の山地帯から北西に貫流するのが七・四キロメートルの流域をもつ屋代川で、瀬戸内海に注いでいる。周防大島では島内最大の河川であり、この川の上流部にダムが建設されるのである。

東屋代の東南端に馬の背という標高三三八メート

ルの山があるが、この山が東屋代の一番高い地点となる。東の山地から西の平地へとなだらかな丘陵が続くが、西から自光寺、樫原、石原、棟畑、中村、奥村といった集落が点在している。ダムの堤が計画されていたのが自光寺、樫原地区で、この二つの集落が水没の対象になっていた。

㈠　古代の屋代

以下屋代の歴史については、昭和五七年に刊行された『屋代川ダム水没地域民俗学術調査緊急報告』の中に、当時県立柳井高校の歴史の先生をされていた中野孝之先生の報告があるので、それに沿って概要を述べていく。

屋代の地名が最初に現れるのは奈良時代（八世紀）で、平城京出土の木簡に「周防国大島郡屋代郷□□」と地名が書かれている。しかしどのような品物が納められていたかは、文字は消えていて判読できていないという。わずかに大島郡からは塩を調として納めていたことが判読でき、海岸部では古くから製塩が行われていたことがわかる。調は田調と戸毎調に分けられ、基本的には各種織物と糸、そして郷土の産物に対してかけられた税である。大宝・養老の賦役令では、調の雑物として鉄・鍬・塩・魚類・海藻などがあり、各地の産物がみえている。大島郡の場合、主要な産物は塩であった。

また同時代の「周防国正税帳」（正倉院文書）によると、天平九年（七三七）に一〇万束あまりの正税を納めているというので、この時代には水田が開けていたことが知られる。ただしこの数字は屋代郷のほかに大島郡の美敷郷《みしきごう》、務理郷《むりごう》を含んだ数字である。当時の稲の収穫量は一段につき五〇束と定められている（令の義解）。一束は米五升にあたるとしており、したがって一段の収穫量は米二石五斗になり、一〇万束の稲は二〇〇〇段の水田から収穫される計算になる。さらに当時の税率を換算することができれば大島郡の水田面積がでることになるが、これについては具体化することはむずかしい。

平安時代に入ると、屋代郷に屋代荘が設置される。一三世紀初頭の資料であるが、屋代を中心として椋野浦から日見浦に至る海岸線も含まれていた。荘園内の名田には正成、吉成、石丸、得名、安行、国武、行松、安宗、椋野浦、日見浦、志佐浦があり、寺社には松尾寺《しょうびじ》、観音寺、妙見宮、八幡宮、鳴途新宮、牛頭天王《ごずてんのう》があった。(「櫛部文書、嘉禄二年(一二二六)周防屋代荘領家定文案」)

屋代荘の開拓領主は安部成清であるといわれているが、安部氏の出地に関して、またどのようにしてこの地を開発していったのかは明らかではない。この荘園は後に藤原氏に寄進され、安部氏は総公文職として荘園の経営にあたったという。公文職は荘園の年貢収納や訴訟などを司る荘官のことで、その事務を司る役所を公文所といった。源平の合戦では安部氏は平氏側についたので合戦には敗れたが、その後も鎌倉幕府の被官(幕府の上級武士の家臣)として荘園経営に加わっている。

屋代荘のうち、現在の地図で確認できる地名は椋野浦、日見浦、志佐浦であり、先の名田の名は地名としては地図に出てこない。したがってこの地の名田に関する古文書を探し出すことができなければ、具体的に当時の状況を知ることはできず、先には進むことが難しい。先生がこの調査で試みられたことは、荘園内のさらに小さな地名(字名)を拾いだし、その地域の地形、村の形態や屋敷の状況、周辺の環境など、目に見える限りの具体的なことがらを拾いあげ、地域の歴史的変遷と当時の生産生活の様子を具体化することであった。そして最初に目をつけたのが自光寺地区の、自光寺、上成《うえなり》といった字名であった。大島郡ではこのような字名をホノギといっている。これから先はしばらくの間、調査中に話された先生の話を中心に構成していく。

(二) 上成名

「農村で土地が移動しはじめるのは明治一五年（一八八二）が非常に大きな動機になった。明治一五年は全国的な大不況の年で、これを境にして土地の売り買いが激しくなっていく。しかしながらそれ以前は、あまり土地は動いていないと見ていい。そのようなことを頭に入れて、それぞれの家の土地所有形態を見ていくと、古い村の姿が浮かび上ってくる。たとえば自光寺を例にとってみると、ここには硲《はざま》、上成《うえなり》という古くから続いてきた家がある。それは土地所有形態や、屋敷の構え方を見ていくとわかるのであるが、とくに上成家は古い形を残していると思われるので、それを中心に見ていく」

「自光寺地区には、自光寺、上成、一反田、五反田、

上　字上成空撮。中央の家が上成家。S56.4.21
中　上成家。S56.4.22
下　自光寺、光田家にて。S55.8.19

志度石、長迫というような小字名のついた土地があり、(中略)上成というホノギのほぼまん中に上成という家があり、しかもホノギ内の土地の大部分を所有している。(中略)この土地所有の形は現在もほとんど変っていない。これは大変重要なことで、これで中世の名田の姿を今日まで残していることが推定される。この上成という家へ行ってみると、屋敷は小高い山の上にあり、家のうしろ山の上に地主さま(地神さま)がまつられている。地主さまにはこの土地を拓いた祖先をまつったものと思われる」

「小高い山の上は比較的広い平地になっていて、現在はミカン畑であるが、当時ここに砦があったのではないかと思う。砦といっても立派な城ではなく、簡単な櫓を建てただけのものであっただろう。また屋敷の下の方にはツボカワとよばれる水の湧き出た井戸がある。このツボカワという名も近世以前に使われていた古い名である。そして屋敷の西に墓地があり、これも上成というホノギの中にある。現在は自光寺地内の人もここに埋葬されているが、これはもと上成家の墓地であったと思う」

「さらに大変興味深いことは、地主さま、ツボカワ、墓地、そして耕地や山に行くために、屋敷を中心にして、無数の道がつけられている。それは上成家を中心にして、このあたりの土地が拓かれていったことを端的に示している。このように上成家は中世の名田経営の形式を、ことごとく備えており、現在はホノギ名《な》、または小字名でよばれているが、古くは上成名《みょう》であったとみてさしつかえない。時代はどこまでさかのぼることができるかわからないが、少なくとも徳川時代以前の形を、ほぼ完全な形で残している」

地図や航空写真をじっくりと目を通し、現場を歩き、その状況を注意深く観察することで、これほどまで鮮明に地域の歴史を描くことができるとは、大きな驚きであった。余談になるが、私たちはこの分野を勝手に「景観歴史学」と名付け、何とか真似ができないか、とよく村や山を眺めたものであった。

さて、先生はこの作業をさらに具体的に、何か所かで行なえば、屋代荘の形成と崩壊過程が確認できるという確信に近い考えをもっておられたと思う。しかしながら、その社会構造を具体化し、屋代荘が今日までどのようにして変遷してきたか、現在の断面がどうなっているのか、といった時代の変化をみていく作業まではいきつかなかった。

重ねて述べてきたように、屋代荘のうち先生が最も注目していたのは自光寺の上成という家であった。かつての上成名の状況を確認し、ご主人に話を聞くために山に上がる強い意志を示され、何度か上成宅を訪れられたが、次第に体力がついていかないという状態になっていた。たしか同じ年（昭和五五年）

上　屋代の景観。S55.9.21
中　同上。S55.9.27
下　屋代の伝統的住居、豊田家。S55.9.25

の秋のことであったと思う。その時は宮本紀子さんと私がお供をしていたので、二人で御身体をお支えしなんとか山を登り、しばらく休んでから上成名の周辺を歩いた。またご主人の上成さんにも話をうかがうこともできた。自らたてた仮説を検証するために、渾身の力を振り絞って一歩一歩山を上がる先生の姿は、事実を確認することは並大抵のことではないんだぞ、と教えてくれているように感じた。

二　稲作を中心とした暮らし（昭和四〇年頃）

屋代郷の歴史的変遷をたどっていくことは重要なことであり、近世以降についても地元の歴史家である中野孝之先生の精力的な資料収集により、変遷の過程が次第にあきらかになっていった。しかし今回は紙面の関係もあり、また調査のもう一つの大きな目的が人びとの暮らしであったので、ここでは省略させていただくことにする。

さて、人々の暮らしをわかりやすくまとめていく方法として、生活暦を作ることがよく行われる。この作業も中野先生が担当され、まとめられた。この中には古文書を解読して近世の農作業に関する行事を併記されているので、現代と比較検討しやすいものになっている。ここでは昭和四〇年頃の、特に農作業に関する生産暦を中心にみていく。

屋代で栽培されている作物は、米とミカンを筆頭にジャガイモ、ナスビ、トップクロップ、ニンジン、トマト、甘藷、タマネギ、などがみえる。当時の屋代の主要産物は米と麦、そしてミカンであることがわかるのは、これらの作物の手入れが入念に行われているからである。

たとえば稲作については三月下旬の頃から藁ぐろの始末からはじまり、四月には種籾の芽だし、苗代ごしらえ、苗代への播種が行なわれる。種籾をまく前に「苗床様」を作る。「苗床様」は苗代の畔に小さな石を立て、その前に花を供え、籾を五〜六粒まいて土をかけ、苗が順調に育つように祈る。このときまいた籾は苗の成長をみていくための基準になったという。苗が成長し苗取りが終わると「苗床様」は取り除く。しかしながら昭和四六年頃に箱苗代が普及すると、この儀礼は消えていった。

通常山田の苗代作りや種まきは平地より半月ほど早く始めた。それは山手の方が水が冷たいために、苗の成長が遅れるからである。この地方の平野部ではふつう三五日ほどで苗が成長するが、山田ではさらに一〇日ほど必要とした。したがって山田は四月二一日（穀雨の頃）、平地は五月一三日の瀬戸祭りが種まきの基準になっていた。

五月の初旬には井手掘り、本田の荒起し、畔つけ、中旬に苗代の消毒、草刈り、下旬には水田の畔に小豆や大豆の種をまき、干草を本田にすき込む作業があった。水田の基盤整備が進み機械化が普及すると、畔豆を作る農家が少なくなっていくが、この時期屋代では畔の積極的な活用がなされ、現金収入の一助になっていたこと、水田の肥料に干草が使われていたことがわかる。草は前年に刈っておいたものや、この月に刈って干草にしたものを押し切りで切って田に入れ、泥の中に押し込んでいく。

六月に入ると田の代かき、田植えと忙しい作業が続く。田植えを始める前にはまず苗三株を本田に植え、そこに青い茅と栗の枝をしばったものを立て、さらに正月のかけ鯛を焼いたものをかわらけに盛って供え、この年の豊作を神に願った。青い茅は丈夫に育った稲を象徴するものと思うが、栗の木についてはその意味を確認できていない。神への祈りがすむと鯛はその場で食べたという。直会《なおらい》ということであろう。しかしこの儀礼は昭和四五年頃に消えている。その後田植えを始める。多くはイイ（結）で行ったが、一町歩ほどの広い田をもった人は七月初旬の頃までかかったという。田植えが終わると稲作の作業はひと段落して、草取りや消毒、水見以外は主だった作業は少ない。

稲刈りが始まるのは一〇月に入ってからである。稲刈りの目安は稲穂の先が三分ほど熟れたころであった。熟れすぎると米の艶がなくなり、不足すると青米が多くなるからである。稲刈り機が入るのが昭和四五年頃であったが、その後も機械が入らない田んぼは薄鎌や鋸鎌を使って手刈りをした。

脱穀は昭和三〇年頃まではマンガイ（足踏み脱穀機）を使用していたが、その後発動機でマンガイを動かすようになり、昭和五〇年代には自動脱穀機が普及しはじめた。臼ひきも昭和四〇年頃までは発動機を携えて業者が各農家をまわって行っていたが、現在（昭和五〇年代）は、籾すりの業者が籾をもっていき、玄米や白米にしてくれる。その年の新米は歳神様に供えた。

以上稲作の概要を述べてきたが、この記録の興味深いところは、水田の基盤整備や農業用機械の普及がはじまった時期をきちんと記録していることであろう。その時期を契機として、畔豆が作られなくなり、種まきや田植えの際に、人々が心を込めて行ってきた農耕儀礼が消えていった。また田植え機や稲刈り機の導入にともなって、イイ（結・労働交換）をする必要がなくなっていく。農耕の労力軽減が進められていくとともに、農村の労働形態や経済構造、社会構造までも変えていった時代であった。

昭和三〇年代から四〇年代は、農村のみならず日本全体が大きく変わっていく時代であり、その変化する過程をきちんと記録することが、この種の調査に求められているのだと思う。屋代ダムの建設によって自光寺、樫原地区という長い歴史や文化を培ってきた地域が水没してしまうという現実そのものが、この時代を象徴するできごとであった。

三　民具からみた東屋代の特性

生活暦の調査と並行して民具調査も行われた。これには藤谷和彦先生と宮本紀子さんが担当された。藤谷先生は当時大島町三蒲小学校の先生をされていた。宮本先生が大島に帰郷するたびに見違えるほど元気になる人で、久賀の石積みの棚田の悉皆調査、大島郡の石造物や地名、そして民具の収集・調査など、精力的にフィールドに出ておられた。

今回の調査で収集された民具は五八四種、二五六六点で、水没地域の一七戸から提供されたものであった。分類は宮本先生の分類方法（二〇分類）にならったもので、以下のようになる。

分類番号	分類名称	種類
1	漁猟用具	14
2	畜産用具	18
3	養蚕用具	1
4	農耕・肥培用具	34
5	脱穀調整・食料加工用具	27
6	煮焼蒸用具	29
7	食料調理・食用具	37
8	容器・包装用具	46
9	運搬・交通用具	35
10	住用具	39
11	灯火・暖房用具	33
12	着用具	45
13	容姿用具	11
14	紡織編用具	30
15	切裁用具	34
16	加工用具	40
17	計測用具	19
18	意思伝達用具	40
19	玩具遊戯娯楽用具	23
20	信仰・呪術用具	29

民具の分類に関しては、先生独自の分類方法を考案し使用してきた。それは民具を使用する人の動作を基準にして分類したもので、民具の特性を重視して構成されている。４農耕・肥培用具、５脱穀調整・食料加工用具、６煮焼蒸用具、７食料調理・食用具、といった分類がそれである。文化庁文化財保

護委員会では別の方法で一一分類しており、それは以下の通りである。①衣食住、②生産・生業、③交通・運輸・通信、④交易、⑤社会生活、⑥信仰、⑦民俗知識、⑧民俗芸能など、⑨人の一生、⑩年中行事、⑪口頭伝承。

さて、自光寺・樫原地区の民具の特徴を簡単に述べると、次のようになる。当該地区を含めた東屋代地区は、島内ではもっとも米作農業の盛んな所であり、また一戸当たりの経営規模も大きいことで、水田農耕用具が多く収集されている。ヒラグワ、ミツグワ、ヨツグワ、スキ、マグワなどの農耕具のほかにトウミ、トウシ、マンゴク、モミウス、などの脱穀調整用具など米作りが生業の基盤になっていたことがわかる。加えてムギマキ機、マメウチ、テグワ、草ケズリなどがみられることから、裏作としてムギを栽培し、畑では野菜やマメなどを栽培していた。

カマス、コモ、ムシロ、ナワをはじめとした藁製品は、稲作によって得られた豊富な藁を活用した民具でその種類も数も多い。製作するためのナワナイ機、コモアミ機、ムシロバタ、カマス縫針、タワラ縫針などの道具類もみられる。とくに大島町の海岸部では塩田経営が手広く行われており、塩を運搬、保存するためのカマスは大量の需要があった。農家の副業として大きな収入源になっていたという。

農閑期を利用して行ってきた山仕事は、マツ、スギなどの木材の伐採・搬出するためのノコギリ、ヨキなどの切採用具、植林、造林のための作業用具があり、数は少ないが炭焼きの道具などもみられる。炭焼きは重要な副業であったという。周防大島は瀬戸内海西部に浮かぶ島であるが、屋代地区は農耕や山仕事に頼ってきたところであることがわかる。その一方で海岸部の塩田とのつながりが深く、製塩業においては海岸部と内陸部が互いに役割分担して成り立っていたことが理解できて興味深い。

民具とは言いがたいが、特筆すべきものとして「ハワイ一族写真」や「教会名称録」がある。明治以降、周防大島からは多くの人びとがハワイやアメリカに出稼ぎにでた時期があり、屋代も例外ではなかった。現地では一所懸命働いて財産を作り、郷里に帰って農地を取得し、家屋敷を手に入れた人も少なくないという。三輪スケート、蓄音機、たばこ用のパイプなど、収集民具の中に出稼ぎ先で購入した民具らしきものもある。また朝鮮半島に出かけた人も多く、意思伝達用具として「オンドル標示板」がみられる。

四　屋代の衣食

緊急民俗調査となると一通りの項目は調査し報告しなければならない。衣食住の分野は、長い間先生の研究を補佐されていた神保教子さんと、私の担当であった。私は当時、衣・食生活の分野は全く経験がなかったので、衣食は神保さんに担当していただき、私は補佐することになった。

㈠　衣生活――ふだん着と作業着を中心にして

この地方の木綿織物業は近世中期（一八世紀前期から中期）の頃からはじまり、大島木綿、柳井縞などが織られていたという。屋代で綿の栽培が行われたという資料は見つけられないので、大坂方面から糸を運んできたのか、またこの地方で綿の栽培から織物まで仕上げたのかはわからない。ただ綿織物の生産はたいへん盛んであったようで、不況にあえぐ他郡の人びとが仕事を求めて大島に移住してきたために、人口が増加する現象が起こったという記録がある。

明治、大正時代に入ると、同じ大島町の三蒲に織物工場が建設され、大々的に織物生産を行っていたようである。初代の姓名はわからないが、徳川時代には久賀町前島の山役人をしていた人であるという。そのご子息を大黒屋磯次郎といい、この人は紺屋を営んでいたが、孫の住吉の代に織物工場を立ち上げ、工場経営は次の茂吉の代まで続いた。

明治の初めころには手織り機三〇台、明治三〇年頃は五〇台を有しており、三蒲以外に小松、笠佐、志佐浜などにも小規模の工場を経営するまでになっていた。また家内工業として周辺の漁家や農家に織物を依頼し、集荷もしていたという。工場で働く女工は伊予の者が多かったとあり、大島木綿や柳井縞のほかに伊予絣の技術が入っていたことがわかる。

ここで生産された木綿を積みこむために、三蒲に初めて蒸気船がやってきて、大評判になったという古老の話も残っている（参考『周防大島町誌』）。

日常の衣類はふだん着と作業着である。ふだん着は一番長い時間着ているもので、女は木綿縞の筒袖の長着に木綿縞の半巾帯をしめる。その上に前垂れ（前掛け）をかけ、履き物は藁草履であった。下着は肌襦袢に、夏は木綿の巻きしぼりの腰巻、冬はネルの腰巻をする。男は襦袢（手縫いのシャツ）に股引きをはき、木綿縞の長着を着て木綿の兵児帯をしめた。男も女も木綿縞がふだん着の主流であった。

一方作業着は特別に仕立てるのではなく、普段着の古くなったものをおろした。女は腰紐で裾を短く上げ、腰巻が少し出る程度に着る。冬のネルの大腰は柄物で、老人は地味なもの、若い人は赤の入った派手なものをつけた。手には手甲、足には脚絆をつけた。手甲、脚絆は木綿縞の残り布で作ったが、市販のものを買う人もあった。履き物は足半草履がよく、冬は普段の足袋の破れたものをはいた。かぶりものは手ぬぐいであった。

男の作業着は巻袖のはんてんに股引をはいた。比較的早くにシャツを着ている者があり、ハワイ帰りの影響ではないかといわれている。冬ははんてんに綿を入れたもの、手ぬぐいで頬被りして、足袋の古いものをはいて足半で山仕事に出た。秋の取り入れが終わると女は機織り、男は山仕事に従事した。当時は薪炭が貴重な収入源であり、自家用の薪炭も貯えておかねばならなかった。現在、滋賀県大津市上《かみ》田上《たなかみ》で同時代の衣生活に関する話をうかがっているが、屋代との共通点が多くみられ興味深い。

(二) 食生活——主食を中心にして

大正時代から昭和にかけての日常の主食は、朝は茶粥、昼はご飯、夜は茶粥、または雑炊という家がほとんどであったという。粥は少ない米を増やすためであったが、日中は田畑に出て働くので腹がへる。そのため昼はご飯を炊いて食べた。そのご飯も米ばかりではなく、大麦や裸麦をまぜたもので、その割合は米八合に麦二合という家が多かったという。しかし『周防大島町誌』によると、明治の頃は米と麦が半々であったという記録があり、近世にはさらに麦の割合が増えている。

粥には茶粥、白粥、芋粥がある。粥を作るときは

上 豊田家の台所。S55.9.25
中 移転のための閉店の案内。S55.8.19
下 自光寺の集落からみた屋代ダム。H27.7

カンスやハガマを使う。豆茶を入れた茶袋を煮立った湯の中に入れ、お茶を十分煎じたら茶袋をあげ、その中にあらかじめといでおいた米を入れて炊く。米を入れたら強火にしてしばらくすると重くて分厚い蓋がゴトゴト動くほど沸騰してくる。あめ色に染まった湯がこぼれかかるころに蓋を少し持ち上げてやる。するとこぼれかかった泡がスーッとひいていく。これを二、三回繰り返したら釜をおろして食卓に運び、熱いうちにフーフーいいながら食べる。残りご飯があるときは、その上に茶粥をかけ、かき混ぜながら食べる。

豆茶はどこの家でも畑に植えておいたもので、夏にこれを取って干しておくと、サヤがはじけて中の実がでてくる。これを再度干し、コウラに入れてとろ火で気長に煎ったものである。コウラはホーロクに似た煮焼用具である。白粥は茶が入らない粥で主に体が丈夫でない人が食べた。茶粥や白粥の中に甘藷を入れたものが芋粥で、甘藷を入れると味がよくなり、腹持ちもよくなるので好んで食べられた。米が炊きはじまった頃をみはからって、輪切りにしたものを粥の上においていく。粥が出来上がるころには芋も食べごろになっている。

芋は芋粥のほかに食前に食べることが多かった。食前にある程度腹をきつくしておいて、ご飯の量を減らしたのである。また夏から秋の収穫時までは芋の保存がきかなくなるので、カンコロにしておく。カンコロは収穫したばかりの芋を薄く輪切りにして、天気のいい日に筵の上で三、四日ほど干し、乾燥したものを挽き臼で挽いて粉にする。食べるときはこれを水に溶いて、ご飯が炊きあがるころに釜に流し込んでおくとご飯と一緒に炊き上がる。これを包丁で切ってご飯の前に食べた。また団子にして茶粥や白粥に入れることもした。

日常の食生活の中で、甘藷の存在が大きかったことがわかるのであるが、大島に甘藷が入るのが近世の中期の頃で、甘藷の栽培が普及したことにより、当時島末《しまずえ》と呼ばれた東和町では、一七三〇年代からおよそ一〇〇年間に人口が三倍ほども増えているという（宮本常一『私の日本地図⑨　周防大島』）。

今回は大島の住まいについては省略せざるを得ないが、どこの家を訪ねても床下には芋を貯蔵するためのイモグラを備えていた。この地方の標準的な民家の間取りは、田の字型に仕切られた四つの部屋にニワとダイドコロがついている。ニワは二間×二間ほどの広さの土間で、出入り口と作物の収穫時の際などの作業場として使われた。ダイドコロは二間×一・五間ほどで、古い形を残している家は土間と一部板敷きにしている。板の間と土間の間にクドが設置され、古くはこの板の間にはイロリが切られていた。そのイロリの脇にイモグラを作る家が多かったという。またニワに面した部屋であるシモノマにもイモグラを作った。大きなイモグラは、梯子で降りていくほど深く掘ったものであった。

甘藷やオオムギのほかにコゴメ（不合格になった米）、ソバ、コムギなどがある。団子にしたり、餅についたりして食べたが、いずれも主食を補うために大事にされた食糧であった。米どころといわれた屋代であったが、主食を確保し、家族が暮らしていくために様々な工夫をこらしてきたことがわかる。

おわりに

大島町東屋代の調査は昭和五六年末に終了し、報告書は翌五七年二月に『屋代川ダム水没地域民俗学術調査緊急報告』として刊行された。上記項目以外に、社会生活、住まいと住まい方、信仰と宗教、石造物などがまとめられているが、紙面の関係で割愛した。

この緊急調査を通して感じたことはたくさんあった。その一つは、近代化、高度経済成長といった大きな時代の流れの中で、失われていったものがことのほか大きかったということである。私たちはその流れの中で、以前よりも豊かな生活を享受してきたのであるが、何らかの形で日本人の生活の歴史を記録にとどめておくことの大切さをつよく感ずる。柳田國男以来、日本民俗学の研究者は折々の生活の記録を重ね、膨大な資料を蓄積してきた。その蓄積があるからこそ、今日何が失われ何が残ったのか、なぜ残ったのかを長いスパンの中で検証することができ、将来の指標を定めることが可能になるのである。

　時代が大きく変化した今日、とりわけ民俗学の分野において、日本でのフィールドワークはあまり意味がないのではないか、という意見がある。しかしそうではなくて、変化を続ける現在の日本の姿をより正確に記録し続けることが、これから先、生きていく人々のためにしておくべきことであろう。

　今思い起こしてみると、大島町屋代での体験はたいへん貴重なものであった。ささやかながら、大きく変化する以前のこの地域の暮らしを記録できたことが一つである。

　それ以上に、一つ一つのことがらを検証するために、力を振りしぼって自光寺の山を上がっていかれた先生の姿は今でも深く心に刻まれている。すでに記したことであるが、自らの目で観察し事実を確認すること、それを正確に記録することの大切さを、身をもって教えてくださったと思うからである。

あとがき――宮本写真に導かれた発見

山根一史

前巻『宮本常一の風景をあるく　周防大島東和』が刊行されてから、すでに一年が経過した。前巻で私は「宮本写真に刻まれた人々の営みを明らかにしていきたい」と述べた。この一年を振り返って、その目標に向かって自分がどのように向き合い、取り組んできたかと問われるとはなはだ心もとない部分もあるが、地域交流員の皆さんとともに、周防大島文化交流センターとしては微力ながら宮本写真を用いて地域の暮らしを見つめ直す活動に取り組んできた。そこで以下、それらの活動の中からいくつかを取り上げてご紹介してみることにしたい。

まず、平成二七年二月に行った文化交流講座「古写真からみた周防大島の今昔」が挙げられる。この企画は前巻の刊行を記念して行ったトークイベントで、基調報告とトークセッション「古写真の風景を歩こう」の二部構成であった。「古写真の風景を歩こう」は、地元在住で、前巻のコラムをご執筆頂いた福田忠邦さんと当センターの地域交流員である松永勉さんのお二方にもご登壇頂き、スライドで宮本が撮影した東和地区の写真を流しながら、それらの写真にまつわる思い出や体験について語って頂くというものであった。

イベント当日は、天候のすぐれない冬の寒い日で、来場者はあまり望めないのではないかという心配もあった。しかし、当日会場は満員で、先述のトークセッションでは会場からも写真にまつわるエピソードや意見が活発に出るほどの盛況ぶりで、改めて参加者の皆さんが地元の生活文化や暮らしについて高い関心を寄せられているのかを知るよい機会となった。

昨年は、宮本写真の現地調査「古写真の風景をあるく」も精力的に行った。二月の安下庄を皮切りに、小松・瀬戸付近（三月）、日良居地区（五月）、沖浦地区（六・七月）、椋野（九月）、畑能庄・嘉納山（一〇月）、大崎（一一月）とほぼ毎月のように本書収録の各地域を巡った。また、個人的にも宮本写真の調査を行った。その中で、私が最も印象深かったのは、七月に行った屋代地区のフィールドワークである。今回、私は同地区のキャプションを担当することとなったが、土地勘のなかった私には写真を見てもどの辺りを撮影したものか皆目検討がつかず、執筆は行き詰っていた。そこで、屋代のご出身の松本康男さんを紹介していただき、本書刊行の趣旨をご説明したところ、現地を案内して頂けることとなった。私自身、これまで屋代地区はほとんど訪れた記憶がなかったが、今回の調査で初めてこの地をじっくり歩く機会を得ることができた。

松本さんには、本書に収録した八枚の写真（二四―二七頁）の撮影地はもちろん、地元の方でないと分からないような山深い谷に築かれた棚田や石垣なども教えて頂いた。現地を歩いて、急峻な谷沿いにまで石垣を築き、田を拓いてきた先人の苦労や努力に驚かされ、周防大島という島が持つ懐の深さのようなものを感じさせられた。屋代川の源流に近い棟畑や中村、奥村集落まで来ると、山も深く海もほとんど見えないため、一瞬ここが島であることを忘れてしまうような感覚に陥る。それは、宮本が指摘した島の西部と東部の暮らしの立て方の違いの一端を肌で実感させられた瞬間ではなかったのかとも思われる。この時の調査は、私にとって意義深く、今もあの時の感覚は心に焼き付いている。

その他、児童・生徒向けの授業や職場体験実習など教育活動の中でも度々宮本写真を活用した。職場体験実習では、生徒に宮本写真と同じ場所を訪ねてもらい、現地の様子を写真に収め、過去と現在の写真を使った展示パネルの制作に取り組んでもらった。どの写真を選び、それらをどんな配置で並べ、どのような解説をつけるのか。生徒たちは頭を悩ませながらも真剣に取り組んでくれた。いかに分かりやすく他人に自分の意見を伝えるにはどうしたらよいのかを考えてもらうよいきっかけになったのではないかと思う。

昨年、当センターでは、より利用者に親しまれ広く認知されるよう愛称の募集を行い、一〇八点の応募作品の中から「宮本常一記念館」の名称に決定した。これを機に、改めて個人の顕彰にとどまらず、周防大島という地が辿ってきた過去を学び、現在を知ることで、これからの未来、我々がいかに歩んでいくかを地域の方々と一緒に考えていけるような施設であることを目指していきたい。

本書の刊行に際して、玉稿をご寄稿頂いた須藤護先生・佐藤正治氏・徳毛敦洋氏、貴重な写真資料をご提供頂いた滝本洋司郎氏、屋代地区をご案内頂いた松本康男氏にはこの場を借りて改めて感謝の意を表したい。

最後に、写真のセレクト、配置から文章の校正に至るまで、本書が次世代への架け橋となるよう、親身になってご協力頂いた、みずのわ出版の柳原一徳氏にお礼を申し上げる。

【編】

周防大島文化交流センター（宮本常一記念館）
二〇〇四年（平成一六）開館の社会教育施設。全国の自然環境や農山漁村に関する資料を収集・活用する。宮本常一文庫（蔵書約二万点、原稿・調査ノートなど約六〇〇〇点、写真約一〇万点）をはじめ、民具など一次産業や日本人の暮らしに関する資料を収蔵。特に宮本関係資料はデータベース化して公開し、展示などにも活用している。『宮本常一農漁村採訪録』（宮本の聞書ノート）を現在まで一七冊刊行。その他、『宮本常一写真図録』『宮本常一離島論集』（みずのわ出版）、『宮本常一写真・日記集成』（毎日新聞社）などの各種の編集・資料提供を行う。

【写真】

宮本常一——みやもと・つねいち
一九〇七年（明治四〇）～一九八一年（昭和五六）。山口県周防大島に生まれる。柳田國男の『旅と伝説』を手にしたことがきっかけとなり、柳田國男、澁澤敬三という生涯の師に出会い、民俗学者への道を歩み始める。一九三九年（昭和一四）、澁澤の主宰するアチック・ミューゼアムの所員となり、五七歳で武蔵野美術大学に奉職するまで、在野の民俗学者として日本の津々浦々を歩き、離島や地方の農山漁村の生活を記録に残すと共に村々の生活向上に尽力した。一九五三年（昭和二八）、全国離島振興協議会結成とともに無給事務局長に就任して以降、一九八一年一月に七三歳で没するまで、全国の離島振興運動の指導者として運動の先頭に立ちつづけた。また、一九六六年（昭和四一）に日本観光文化研究所を設立、後進の育成にも努めた。『忘れられた日本人』（岩波文庫）、『宮本常一著作集』（未來社）、『宮本常一離島論集』（みずのわ出版）他、多数の著作を遺した。宮本の遺品、著作・蔵書、写真類は遺族から山口県東和町に寄贈され、現在は周防大島文化交流センターが所蔵している。

【監修】

森本孝——もりもと・たかし
一九四五年（昭和二〇）生。立命館大学法学部卒業後、宮本常一が主宰した日本観光文化研究所で、伝統木造漁船・漁具の調査収集や、『あるくみるきく』の編集、執筆に参画した。現在は漁村社会・文化の専門家として、途上国の漁村振興計画調査に従事。著書・共著に『海の暮しとなりたち』（ぎょうせい）、『東和町誌　各論編第三巻　漁業誌』（山口県東和町）、『舟と港のある風景』（農山漁村文化協会）、編著に『鶴見良行著作集』第一一・一二巻「フィールドノートⅠ・Ⅱ」（みすず書房）、『エビと魚と人間と　南スラウェシの海辺風景——鶴見良行の自筆遺稿とフィールド・ノート』（みずのわ出版）。

【執筆】

佐藤正治——さとう・まさはる
一九五二年（昭和二七）生。山口県周防大島町在住。二〇一二年（平成二四）より周防大島文化交流センター地域交流員。二〇〇一年、光海軍工廠跡地見学会に参加したのを契機に、地元に残る戦争遺跡や跡地、関連物などを調べ、毎年山口県柳井市で写真による発表をしている。

須藤護——すどう・まもる
一九四五年（昭和二〇）千葉県生。武蔵野美術大学建築学科卒業。日本観光文化研究所所員などを経て、龍谷大学名誉教授。著書・共著に『東和町誌　各論編第二巻　集落と住居』（山口県東和町）、『暮しの中の木器』（ぎょうせい）、『中国朝鮮族の民俗文化』（第一書房）、『ものからみた朝鮮文化』（新幹社）、『学問の現場、現場の学問』（世界思想社）、『木の文化の形成——日本の山野利用と木器の文化』（未來社）、『雲南省ハニ族の生活誌』（ミネルヴァ書房）など。

髙木泰伸——たかき・たいしん
一九八一年（昭和五六）熊本県生。広島大学大学院文学研究科博士課程前期修了。二〇〇九年（平成二一）より周防大島文化交流センター学芸員。山口県史編さん執筆委員。論文に「宮本常一写真の社会的活用」（『比較日本文化学研究』第六号）など。

徳毛敦洋——とくも・のぶひろ
一九八三年（昭和五八）広島県生。広島大学大学院文学研究科博士課程前期修了。呉市史編纂室嘱託勤務を経て二〇一三年（平成二五）より八幡生涯学習のむら（久賀歴史民俗資料館）学芸担当、主として久賀地域の歴史民俗の伝承活動を行う。論文に「久賀写真展『昭和三十年代の久賀と現在』を終えて」（『文化と交流』№3）など。

山根一史——やまね・かずふみ
一九八一年（昭和五六）山口県生。幼少期を周防大島で過ごす。奈良大学大学院文学研究科文化財史料学専攻博士前期課程修了。二〇一三年（平成二五）より周防大島文化交流センター学芸員。編著書等に『宮本常一農漁村採訪録』16・17、「地域と博物館・資料館の連携について考える——写真巡回展を通じて」（『文化と交流』№3、周防大島文化交流センター）など。

宮本常一の風景をあるく　周防大島久賀・橘・大島

二〇一六年二月二十九日　初版第一刷発行

編　者　周防大島文化交流センター
写　真　宮本常一
監　修　森本 孝
発行者　柳原一徳
発行所　みずのわ出版
山口県大島郡周防大島町
西安下庄、庄北二八四五
庄区民館二軒上ル　〒七四二―二八〇六
電話　〇八二〇―七七―一七三九（F兼）
E-mail mizunowa@osk2.3web.ne.jp
URL http://www.mizunowa.com

印　刷　株式会社 山田写真製版所

製　本　株式会社 渋谷文泉閣

装　幀　林 哲夫

プリンティングディレクション　高 智之・黒田典孝
（㈱山田写真製版所）

ISBN978-4-86426-029-9 C0336